7-1

くらしの形見

7-2

くらしの形見

7-3

くらしの形見

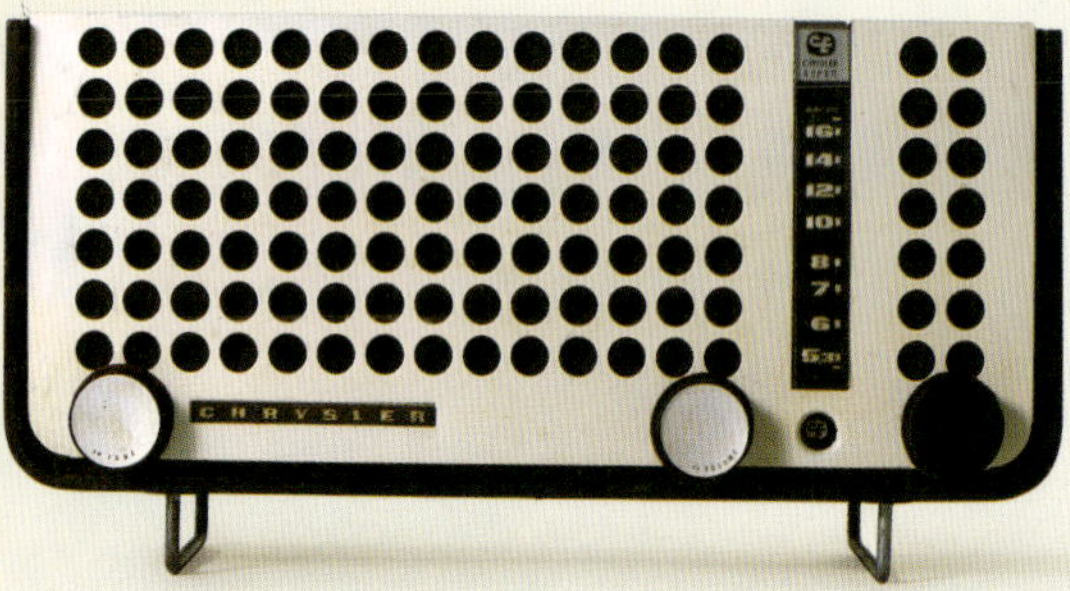

7-4

くらしの形見

7-5

くらしの形見

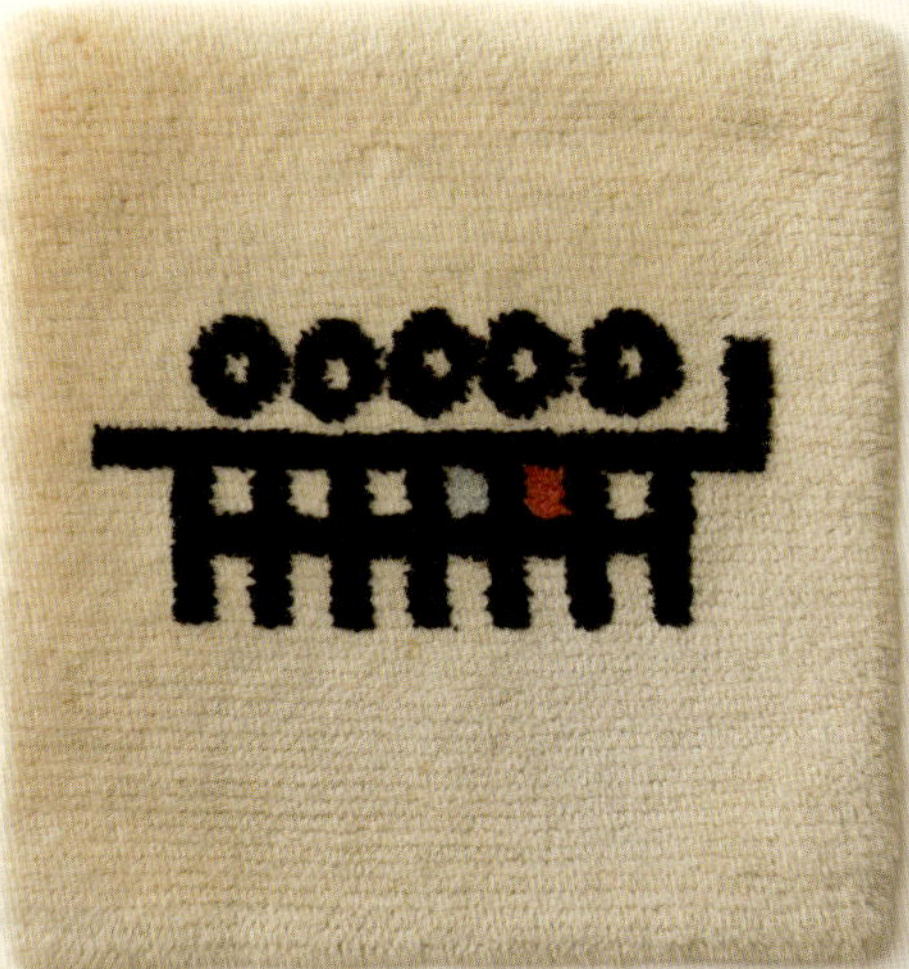

7-6

くらしの形見

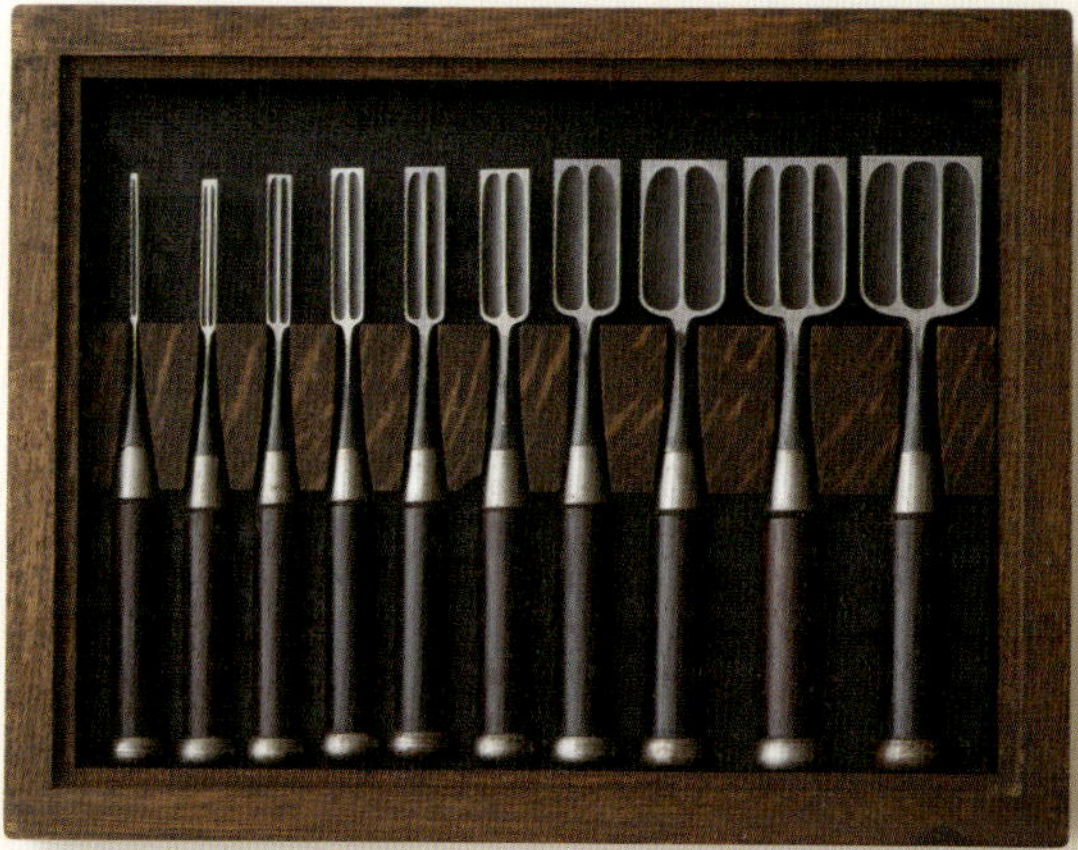

7-7

くらしの形見

7-8

くらしの形見

秋岡芳夫

MUJI BOOKS

くらしの形見 | #7 秋岡芳夫

秋岡芳夫がたいせつにした物には、
こんな逸話がありました。

7-1 | **スーパー竹とんぼ**
多様な飛行性能の竹とんぼを毎日のように制作しました。
その数は3000本以上。求められても販売はしませんでした。

7-2 | **あぐらのかける男の椅子**
自由な姿勢で気ままに使いたいと、脚を短く、座面を広くして、
あぐらがかけるように設計。小柄な女性にも合うサイズです。

7-3 | **身長椀**
幼児から大人まで、成長に合わせた5サイズの木の椀。
自らデザインし、大分の木工家・時松辰夫が製品化しました。

7-4 | **クライスラーキャビキット MS-200**
金子至、河潤之介と結成したKAKでデザインしたラジオ。
文字盤の版下から新回路の設計まですべてをこなしました。

7-5 | **三菱鉛筆uni**
uniの誕生は1958年。KAKはロゴデザインを手がけたほか、
箱に芯削りを付けるなどの画期的なアイデアを考案しました。

7-6 | **万博ロゴをあしらった椅子敷**
70年大阪万博のためにデザインした幻のロゴ案を織り込んだ、夫人
手製の敷物。目黒ドマ工房の椅子の座面にいまも敷かれています。

7-7 | **市弘の鑿（ノミ）**
京都で買いつけた名匠・市弘の追入鑿10本組。裏刃は三つ裏、
二つ裏に透かれ、使いこなすには高度な鑿さばきを要する一級品。

7-8 | **小刀**
小学生の頃に父に買ってもらった小刀。何度も研いで使ううちに、
15センチ以上あった刃が3センチ程にまで減りました。

撮影 | 永禮 賢

目次

YOSHIO 0

図版番号は、一五四ページの「逆引き図像解説」をご参照ください。

秋岡芳夫の言葉

木はそる あばれる 狂う いきているから だから 好き

直筆の書より

YOSHIO
1

一つの道具をいろいろ使いわける。
これは日本人の生活の知恵です。
「一器多用」の知恵です。

『暮しのためのデザイン』一九七九年

YOSHIO
2

つまらない、つまらないと
思いながら作っているモノと、
客があきらめた、
あきらめたと言って仕方なしに
買って行くモノとは、
たぶん同じモノだろう。
いわゆる使い捨てモノがそれ。
使い捨て現象は、
製品がお粗末なときにおこる。
あきらめ買いの結果としておこる。

「個人の技術を見直すべきだ」　一九七七年

私は、
工業デザイナーとして、
国際的なデザインではない、
日本人の肌に合う、ものを創りたい。
そして、
買う客に親切そうなデザインよりも、
造る材料に親切なデザインがやりたい、
と思っている。
材料を大事にして創った物の方が、
それを買った人にも親切だと
思うからである。

「人間のための物づくり」　一九七一年

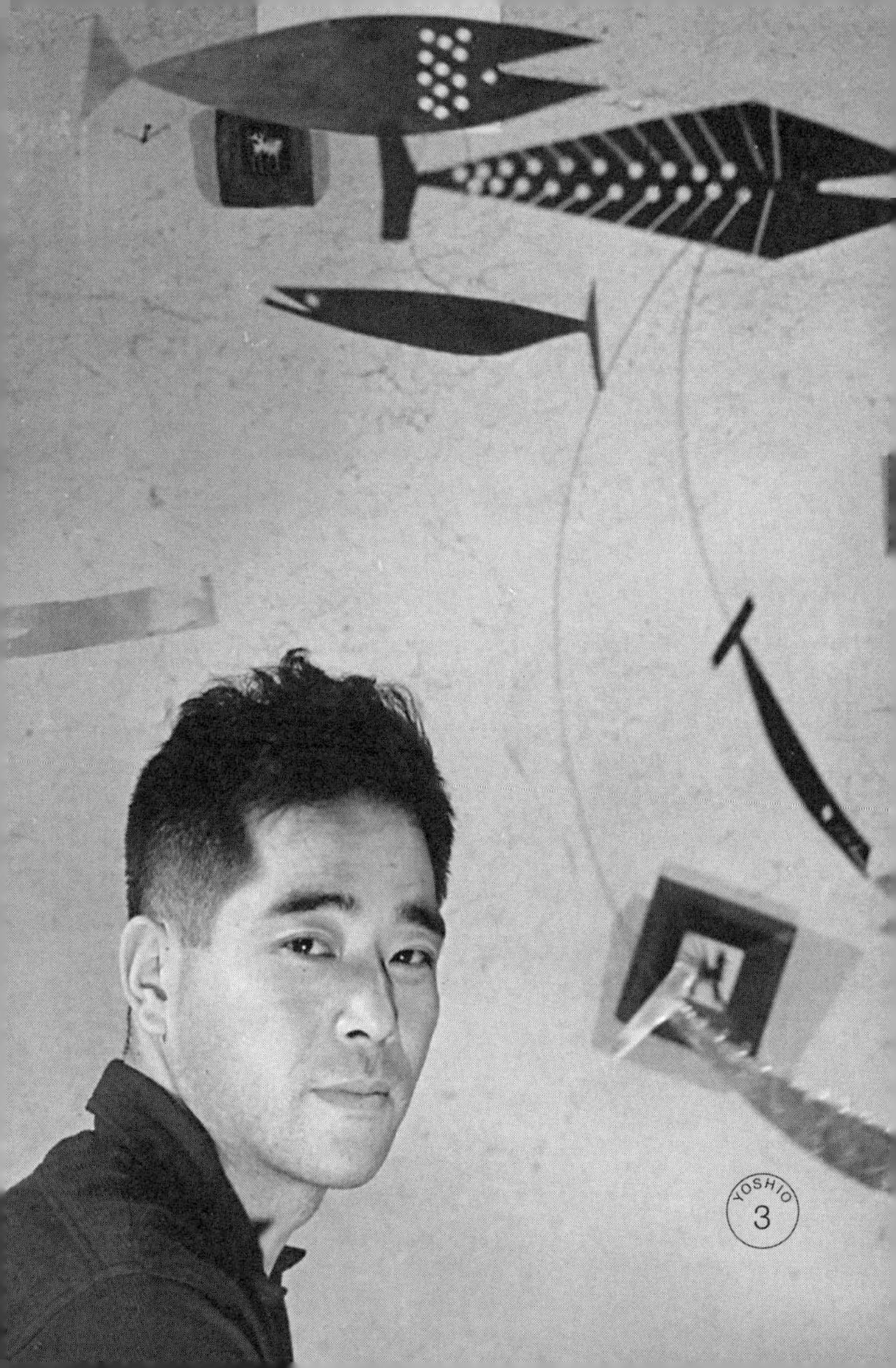

YOSHIO
3

YOSHIO
4

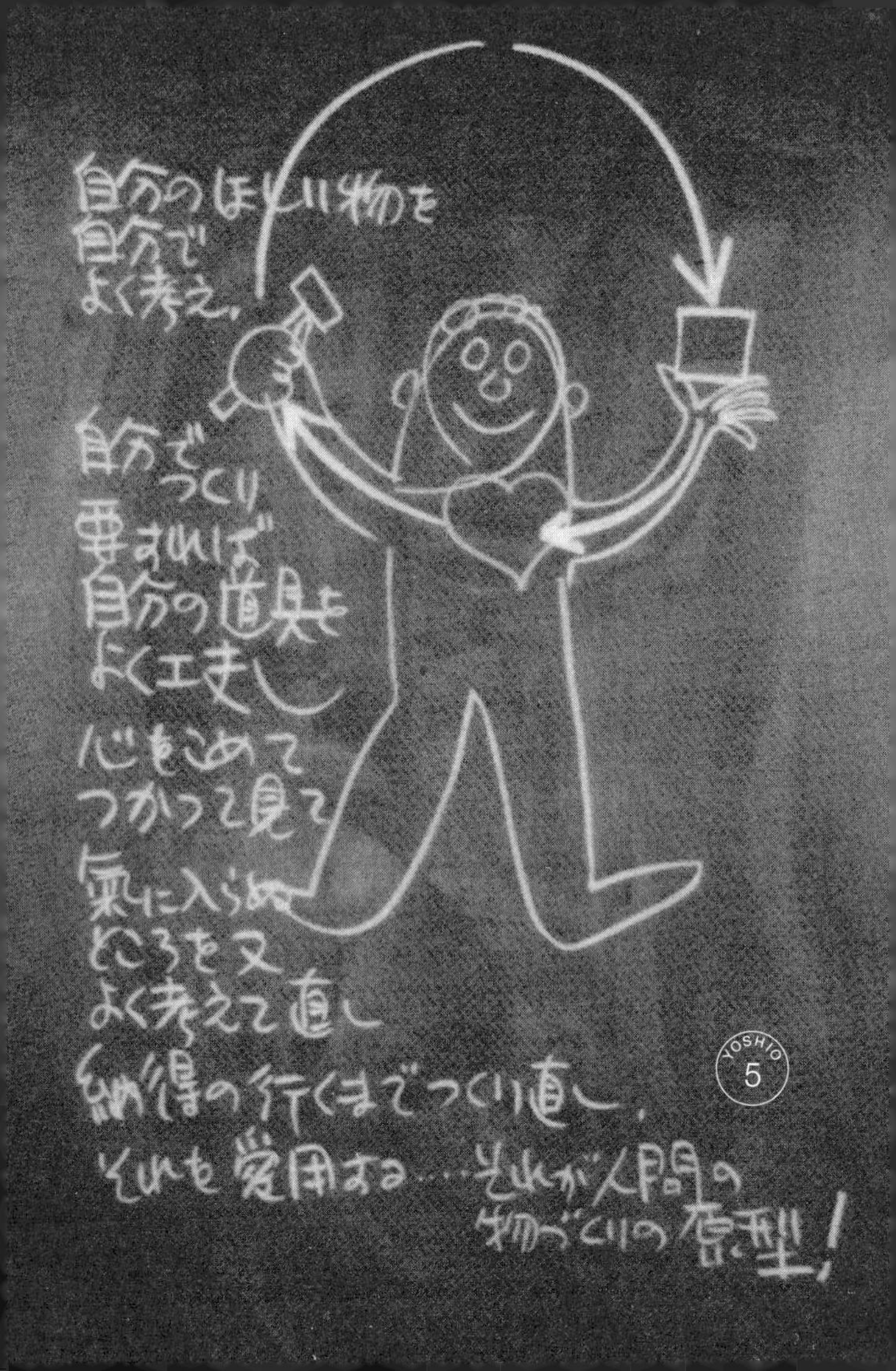
自分のほしい物を
自分で
よく考え、
自分でつくり
要すれば
自分の道具を
よく工夫し
心をこめて
つかって見て
気に入らぬ
ところを又
よく考えて直し
納得の行くまでつくり直し、
それを愛用する……それが人間の
物づくりの原型！

YOSHIO 5

おにぎりと竹とんぼは
買うもんじゃあないんだ。
自分で作るべきもんだよ。

「買わずに作れ！　おにぎりと竹とんぼ」　一九八七年

YOSHID
6

一品一話

そば猪口

猪口は、手狭な現代生活むきの優れた「収納機能」を持っている。地震国むきの「耐震機能」も備えていて、しかも用途は一器多用。近ごろ、こんな優れた焼き物は見かけない。

形がきれいで、作りが親切で、一器多用で、片づけやすいから、ここ十数年、ぼくの家ではそば猪口を朝晩使いつづけているが、どうしてなのか、いまだに一つも割れない。焼きも丈夫らしいが、そのことより好きな器は丁寧に扱うから割れなかったんだろう。そば猪口は「万年道具」だ。

『そば猪口の知恵』

砥部焼そばちょく　梅山窯

弁当箱

曲げわっぱをそれを筍重にしてみたのが、この杉の曲げわの弁当箱。容子になるのはもちろん、二個ずつ組み合わせれば蓋と身がほぼ同じ深さになる、「わりご」の工夫もある。中の食べ物の高さに応じて背丈が変わる便利な弁当箱だ。重ねて使う時は、女の子一人分なら二段、家族のハイキング用には五段、と量に応じて使い分け。持ち帰る時には、一番下の箱に全部が収まる。

「女サイズの弁当箱」

曲げ輪の弁当箱　大館工芸社

箸

箸一膳を買うのにも、箸の見わけ、「見立て」が必要です。塗箸には、おいしい箸とおいしくない箸があります。長さや重さが手にしっくりくる箸がおいしい箸です。初めて箸を手にする子供たちには、一体どのくらいの長さの箸を買い与えるのがいいのでしょうか。その目方は？　子供の箸を上手に「見立て」るのは親の責任です。箸の目方はたとえ五グラム違っても使いづらいものです。

『割ばしから車《カー》まで』

七々子塗箸　たなか銘産

椿皿

盛り付けやすい銘々皿です。器の内底は円く浅くくぼんでいます。そのくぼみがひきしめてくれるからでしょうか。載せた一切れの羊かんもさまになります。口径はほぼ五寸。盛りつけた羊かんがどれほど堅練りでも、力一杯黒文字を使っても、この椿皿は静かに安定しています。くぼみの円と高台の円の径を等しくつくってあるからなのです。この椿皿の高台のつくりは配慮がゆきとどいています。高台の高さは卓上の器のふちに手のかかる程度の、ほどほどの高さで、かつ菓子を高々と盛って見せるに十分な派手な高さなのです。菓子が沈み込んで見えるなみの皿と見較べて下さい。

「〃椿皿〃という名の銘々皿」

椿皿　モノ・モノ オリジナル

包丁

日本の伝統工具の柄は、そろいもそろってまっすぐな棒状でした。軽く握って使うのにはこれで充分。ですから刀の柄も大工さんの金槌や鋸の柄も……そして板前さんの包丁もみんな棒状でした。
洋風の工具・刃物の柄には握りしめた手の形にぴったり合わせて作ったものが多いんです。「握り心地」は日本の柄とは比較にならない。でも「握り心地」がいいものが必ずしも「使い心地」がいいとは限りません。包丁を買う時には握り心地は悪くとも、使い心地のいい方を選ぶべきでしょう。日本人の手にはやはりストレートの柄の方が合うように思うんですが、如何《いかが》。

「包丁の柄はまっすぐなほうがいい」

菜切包丁　小山本手打刃物

小山手打

汁椀

日本人のようにいろんな食器を手に持って口まではこぶ民族は、世界でもまれだと、「よい食卓づくり」の研究で世界中を食べ歩いている山崎純子さんにうかがった。わたしたちが食器を買うとき、すぐ手にとって見るのは無意識のうちに食器と手の「なじみ」ぐあいを試しているのだろうか。茶碗、汁椀、湯《ゆ》呑《のみ》・ちょこ・コップなどは、その手との「なじみ」、唇との「なじみ」がいのち。「日本人にとって、いい器とは、手や唇とのなじみのいいもの」ということになりそうだ。

「いい器、いい暮らし」

汁椀 朱　山本英明 作

土瓶

土瓶のつるは「上」についた把手《とって》。例の急須の把手は「横」の把手。コーヒーや紅茶のポットは「後」の把手。「上」の把手は「横」や「後」の把手よりも重い注器を軽く持てます。そして軽く注げます。重心の真上で持つことになるので。

加えて土瓶の「上」の把手には、無方向性の良さ、テーブルの上で手を伸ばすとどちらからでもさっと持てる良さがあります。「後」の把手のポットは前からは持てませんが。そして土瓶の把手には急須のような右勝手左勝手の不便がありません。左利きも共用出来ます。そして注ぐにも注ぎやすい。

「デザイナーたちの工夫」

どびんねじり　平安陶苑

YOSHIO
7

手で見る、体で買う

建売・マンションで「めいめい」に暮らせるか？

マンションでもジャパンライフ

いつ頃から住まいは買って住むものになってしまったのか。昔は買わずにめいめいで建てて住んだのに。

いつ頃から間取がお二階さんもお隣さんも似たりよったりのマンションで画一的に暮らすようになったのか。昔の一戸建ては個性的だったのに。

江戸の昔の棟割長屋住まいの熊さん八ッつぁんみたいに、いまはみんなが今風棟割長屋のマンション住まい。「仕方なしに住んでいる。住まわされている」といった感じ。

南欧風ありコロニアル風ありで一見個性的に見えるけれど、風土別でないと

YOSHIO
8

いう意味では、旭川の建売と泉市（宮城）のと、春日部のと千里のは、那覇のも、全国画一。

住まいは風土に合わせて各地でめいめいそれぞれなのがいいので、暮らしも土地土地でめいめいであってこそなのだけれど、日本列島の工業化、住宅産業にまで及んで、住まいも画一化。

さて、どうしよう。

住みようでは画一の建売・マンションでだって、風土的・個別の暮らしも出来るはず。

ぼくらはマンションですでに、おおかたの人間が気づいていないことだけれどジャパンライフしてる。たとえば玄関で靴を脱ぐ。下駄と畳の時代の風習を法律で決められたわけでもないのに日本列島じゅうで守っている。伝統の「清潔な床願望」がそうさせていることなのだけれど、マンションのもともと土足用に作られたはずのじゅうたんにずかずか土足で上ってもいいはずなのに……。

一見西欧化したかに見えるマンション住まいだが、その住まい方は部屋で素足で暮らすなどと伝統的で日本的、つまり風土的。

体当りできる外開き

マンションの玄関まわりにもう一つ伝統的で風土的なことがある。ドアーを外開きにあける習慣がそれ。西欧のドアーは住まいのもホテルのもドアーは必ずといっていいほど内開き。なのに日本のマンションのは、建築家にその理由を聞いても納得のゆく返事は聞けないんだけれど、揃いも揃って外開き。四分の一坪ほどの狭い玄関だとたしかにドアーを内開きにすると脱いだ靴に扉がぶつかる。だから外開きにするんだという説もあるけれど、じゃあ玄関の広い家では？　やっぱり外開き。なんで？　台風の多い日本列島だ。吹きこむ雨を押えるには、なんたって外開きに限るので……それに地震のとき、外開きのドアーなら体当りで外に出られる。あちらの映画でよく見る警官がピストル片手に体当りで部屋に飛込む、あの要領で。

ドアーの外開きは台風・地震列島の必然、風土の暮しの知恵なのだろうか。外から見たらまるまる西欧化したかに見えるマンションだが、住まいかたは意外やジャパンライフ、和風。その証しが素足暮しとドアーの外開き。

英社交界では素足パーティー

まだある。

バス。浴槽のつくりは風呂桶からポリバスなどに洋風化したけれど、肩までゆっくり湯につかって、洗うのは外での風呂の楽しみかた、バスの今も桶の昔も変っちゃあいない。在日数年ですっかりジャパンライフに馴れてる外国人たち、あるアンケートで口を揃えていっていた。日本の暮しかたで気に入ったこと、母国に帰ってからもぜひやりたいことが二つある。

その一つ、部屋で靴を脱ぐこと。そして、浴槽の外で体を洗うこと、湯舟で体を温めるの楽しいから。この二つ、いまマンション暮しの人間が日本じゅうでやってること。伝統の暮しの知恵。この知恵、もしかしたらそのうち「生活文化輸出」されるかも。イギリスの社交界でいま素足のパーティーをちらほらだがやっているという。日本に来ていた外交官の奥さんが持ち込んだらしい。かと思うとフランスでは会席料理風に料理をトレイにセットして出す日本料亭みたいなレストランが出現、珍らしい、合理的と評判だという。この店ではナイフ、フォークがわりに箸だそうで、エスカルゴは小鉢でだそうだ。

家庭にはマイ・便座を！

トイレは水洗・洋式がその清潔さでうけて一般化している。下水道とともに全国に普及し続けているけれど、どこかおかしい。案外不潔だなと思い始めている人間も多い。多勢が便座に疑問を感じ始めている。タオル地のカバーをかけてみたら、ヒンヤリ感は無くなったんだけれどなにか不潔な感じ。家族同士ならまめに洗濯したのと取替えりゃあいいんだが……不潔感を強く感じてるの

abcdefghij
klmnopqrs
tuvwxyz
ABCDEFGHIJ
KLMNOPQRS
TUVWXYZ
1234567890
ABCDEFG
HIJKLMNO
PQRSTUV

は客。折角の腰掛け式なのに腰を浮かせて用を足したり……あちらの国のように住まいが広く、客用・浴室用・寝室用と複数のトイレがあればいいんだが、いま水洗トイレは、第一号を公団が採用して以来いまもってなぜか一戸に一個。大人も子供も家族も客もそして大も小も。無理に一穴で用を足そうとすると、子供の椅子と大人の椅子とで座面高を違えるように腰掛け便器の高さも子供向きの高さにしないと……。でもそうすると男の小のときに命中率が落ちるし、一穴は困る。せめて大と小、ゆるすことなら家族用・客用の便器をわけるゆとりが住まいにはほしい。客間と居間を分けるように。

こんな工夫がある。

不潔感対策として便座をめいめい持ちにする案で、まず取外し式というか上乗せ式というのか、そんな形式に便座を改め、四人家族なら四個。別に客のぶんの便座も用意し、収納は二つに折畳んでトイレの棚にカラフルに並べる。幼稚園の女の子用のはピンクの、薄くて腰掛けたとき踵《かかと》が浮かない寸法のにする。のっぽのパパのは黒くて部厚いのにして、ママのはグリーンでやや薄め。お客さまのは、ホワイト。

ぼくらはいまもむかしも、三度の食事をめいめいのお箸で食べている。家族同士のことなのだから箸も共用でいいと思う日本人は一人も居ない。めいめいの箸の食習慣は衛生観念からのことではなくて食風俗だが、便座のめいめい持ち、風習化したらいい。

お客には塗箸は出さずに別形式の割箸を出すのが礼儀。だったらお客に家族のふだん使いの塗箸みたいな共用の便座をすすめるのは、失礼。

建売・マンションを個性的に風土的に住みこなす工夫はトイレに限らずまだまだ、これから。

めいめいの椅子・めいめいのコップ

体に合わせたパーソナルチェア

没個性のマンションも、風土別でない建売も、家具や器のうまい選びかたと使いこなし次第では、個性的に住まえるのかも。

パーソナルチェアでわが家をわがものにしている男、このところ増えているようす。このパーソナルチェア好み、ビジネス出張であの疲れる椅子の新幹線によく乗って全国を飛びまわっている中年の商社マンに多い。体に合わない共用椅子？　でくたびれてやっとたどりついたわが家でまた、体に合わない椅子に坐らせられたんじゃあたまらない。せめて家に居る間ぐらい俺の椅子に陣どりたいというのがパーソナルチェア志向。本音の。

だけれどもパーソナルチェアはオーダーで手に入れるしかない。オーダーだと高く、高くついたって仕方がない。既製品じゃあ用の足りないパーソナルニーズなのだから。いまは洋服も靴も既製。住まいも建売。いわば既製品だらけで、ダイニングテーブルも椅子も応接セットもデスクセットもみんな既製。既製品を避けて自分の体と好みに合わせて手に入れたいと思うのがパーソナルチェアだが……。

くついぬいでくつろぐ

でも、もしかしたらこのパーソナルチェア・ニーズは日本だけのものかも。風土の住まいかたと深い関係がありそう。つまり、玄関で下駄を脱ぎ、畳の上で大あぐらをかいてくつろいだ昔に関係がある。

ぼくら、家では椅子も素足で使う。昼間、オフィスや交通機関の中では靴を履いて使うのに。家に帰ると、やれやれと靴を脱ぎ、靴下もとって放り出し、

HONDA
19
3
0
IHEI
0
MS-300
KAK 1956

YOSHIO
10

解放された気分、つまりくつぬいでくつろいだ気分になるんだが、なんで靴を脱ぐと解放感が味わえるのか。ぼくらの足の裏に美意識があるからだ。素足で履く桐下駄の心地よさ、青畳を踏むあの清々しさ、拭き掃除の悪い廊下を歩く気持の悪さといった、触覚美意識をぼくらは足の裏にもっている。ので玄関で靴を脱ぎ、靴下をはぎとるとやれやれなのである。

だが素足になって椅子に腰掛けて、はてな？　この椅子座、高過ぎるかな？と思うことがある。そうなので、既製の椅子はほとんどといっていいほど座面が靴を脱いだ日本人には高過ぎる。いわゆる土足寸法で、靴を履いてなら床から踵が浮かないが、素足だと、靴の踵の高さぶん足が宙に浮く感じ。

この座面高の具合の悪さ、男だと女より気づかないんだが背丈の可愛い女の子だとすぐに気づく。ヒール高一〇センチもの靴を玄関で脱ぐと脛《すね》の長さはうまれたままの短かさになるからで、おおかたの椅子で踵が浮き、ちょこんと座の前の方に腰掛けることになる。

部屋でも靴を履いてる国だったらこんなことは起こらない。靴を履いてなら、男と女、椅子を共用できる。パーソナルチェア・ニーズはだから部屋で履物を脱ぐ国日本特種なニーズなのだ。

加えて男のパーソナルチェア・ニーズには例のあぐらがかかわってくる。ぼくらは椅子の上でもどっかとあぐらをかきたがる。でもあぐらもかけるぐらい座面のゆったりした椅子なんて、既製品売場をいくら探しまわっても見つからない。どうしても手に入れたいのなら、オーダー。

性別のお膳?

しかしすべての椅子のパーソナル化には問題もある。

家族みんながパーソナルチェアを持ちよって食事するとしよう。その時困るのはテーブルの高さ。座面高の違う椅子の全部に合う食卓なんて、絶対あり得ない。食堂の椅子テーブルのパーソナル化はあきらめたほうがよさそうだ。あちらの食卓みたいに子供椅子だけ座を高くして。

日本には昔、ある種の膳（蝶脚膳）に性別があったともののの本の記録でみた。ウソッ！　といいたくなるんだが、そのお膳、女ものの方が男ものより高く作ってあった。男と女の坐りかたの違い、つまりあぐらと正座に対応させて女の膳高くしたらしい。

日本の食卓は、大正の頃に共用型の食卓のちゃぶ台が全国普及する迄、大昔からずっとめいめいの膳だった。世界的に珍らしい一人一卓の食卓を使っていたから、性別のお膳もあり得たわけだが、じゃあいまのダイニングテーブルを昔のお膳みたいに一人一卓型にしたらどうなる？　食事をパーソナルチェアで楽しめるのかも。そのパーソナルな広さは一人ぶんの五五センチ角だったらじゅうぶん。和洋の料理、なんでもたべられる。家じゅうのテーブルの大きさを五五センチ角に揃えておけば、寄せあつめれば会食向きの大テーブルにもなるんだし。でも、テーブルの高さは低めと高めの二種類ぐらいにしぼったほうがいい。いまぼく、一人一卓型のダイニングテーブルをオーダーで試作試用中だが前評判、悪くない。

ところで箸とめし茶碗はめいめい持ちにしないと三度のめしがうまくない。そう思いこんでるぼくは大正一桁うまれのいわば古い人間なのかも。それとも箸・茶碗のついでに便座もめいめい持ちにしたらの提案に、なるほどと耳を傾けたりするぼくは、クセの強い日本人なのかな?　一人一卓型のダイニングテーブルをオーダーしたりするんだから。

ぼくみたいな古いタイプの人間だけがめいめいの食器や椅子やテーブルに心惹かれるのか、こだわるのかと思っていたらそうでもなさそう。わが家でも、すでに結婚した娘もかつてそうだったわよと女房もいってるが、いま、孫たちはマグカップをめいめい持ちにしている。これわたしのよと決めたマグを占有して、きょうだいにも貸そうとしない。ケチと衛生観念でそうしているとは思えない。歯ブラシとも違う入浴タオルのめいめい持ちとも違う気持でいまの娘たち、めいめいのマグを持ってそれを楽しんでいる様子。

椅子の高さは身長で割り出そう

椅子や箸や茶碗をめいめい持ちにするんだったらその諸寸法が、椅子だと坐る人間の体の諸寸法に合わないと掛け心地が悪いし、箸や茶碗はその寸法や大きさがこれまた使う人間の手の寸法やかたちと合わないことには、使いづらくて、パーソナル化・めいめい持ちにはならない。

じゃあ一体どんな寸法の椅子なら体に合うのか、体が休まるのか？ 椅子の掛け心地を決めるといわれる座面の高さと座の奥行は、腰掛ける人間の身長に比例してさまざまにするのがいい。

腰掛けて体が休まる椅子の座面高は、そこに腰掛ける人間の身長のほぼ二三パーセント相当がいい。つまり身長一五〇センチの女の子だったら、一五〇センチの二三パーセント相当の座面高三五センチの椅子なら体に合って快適。身長一七〇センチの男用のなら座面高は、一七〇センチの二三パーセント相当の

三九センチほどが当人の体に合う勘定だと、これは人間工学的にも言えること。ただし靴を脱いで素足で使うとしてだが。

座の奥行も大きく椅子の掛け心地を左右する。奥行寸法も、ほぼ身長比で決まる。身長一五〇センチの人間にとって掛け心地のいい椅子の奥行寸法は、ほぼ身長の三〇パーセント相当の四五センチがいいし、同様の比例計算だと、身長一七〇センチの人間向きの椅子の座の奥行はほぼ身長の三〇パーセントに相当する五一センチがいい勘定。

「ひとあたはん」とは?

この己の身長をモノサシにして使いやすい道具や器の寸法を割出す法は、むかしから生活の知恵、いわば常識で行われていた。

たとえば箸だが例のめいめい持ちの箸、現在は形式的に色柄でめいめいの箸を区別しているけれど、ついこの間まで、箸の長さは厳しく身長比で割出して、家族全員がめいめいの長さの箸で食事をしていたが、ではその箸の長さ、一体なんで測っていたのか?

「箸一咫半《ひとあたはん》」の知恵で測っていた。

一咫は掌の指を親指だけを掌に直角になるまで横に開いたときの、親指と人さし指の間の実寸、これを一咫というのだが、この一咫、実寸がちょうど本人の身長のぴったり一〇分の一に相当する重宝なものさしで、めいめいものを選ぶのに便利なので、昔は愛用されていた。咫は尋や丈と同じ「身度尺」の単位名だ。

一咫半の箸とは、長さが一咫の一・五倍の箸のことだ。

身長一五〇センチの女の子の手に合う箸の長さは、一咫半で測ると二二・五センチの長さに、身長一六〇センチの男の子むきの箸の長さは二四センチになる。そしてこの長さ二二・五センチほどの箸と二四センチの箸のペアを、むかしは夫婦の箸と呼んで祝いの箸にもした。

椅子も身長比でその寸法を割り出すと掛け心地がよくなる。家族みんなの箸は一咫半の生活の知恵で、つまり身長比で測って、めいめいの長さに揃えて使うと、みんな箸の使い心地がぴったり揃って食事が楽しめる。

六ミリの差が〝手頃〟の決め手

椀はいまワンサイズ。全国どこで作ってるおわんもなぜか同じサイズ、ワンサイズだけれど、一昔前までは椀には女ものと男ものの別があった。汁椀にもめし茶碗にも。

漆のお椀の産地輪島でベテランの職人に聞いた話だが、椀のきまり寸法はかつて、男ものが口径四寸、一二〇ミリφで、女ものは三寸八分、一一四ミリφだったそうで、女ものと男ものの椀を口径のたった二分、六ミリほど変えてあった。なぜ六ミリほどの微妙な口径差を椀にもたせてあったのか?

口径がたった六ミリ違うだけの違いというけれど、六ミリ違うと手に持った感じががらりと変る。男向きの大きなお椀を手にもってる女の子の食のしぐさ

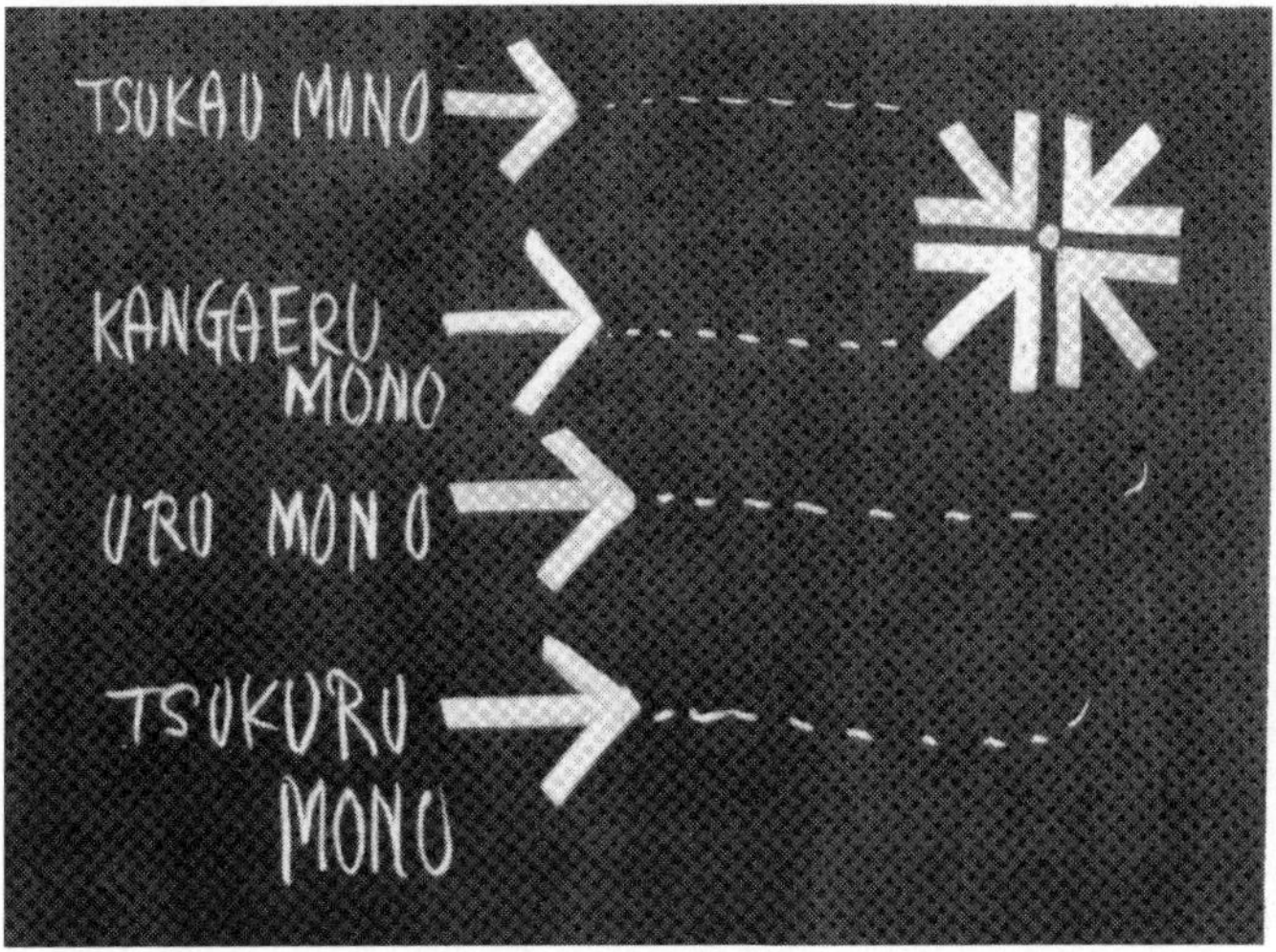
TSUKAU MONO
KANGAERU MONO
URU MONO
TSUKURU MONO

は見た目にもきれいじゃないし、男が女の子向きの小さな碗で御飯をかきこんでるさま、さまにならない。

大言海という辞書の「手頃」という項にこうある。

手頃とは、「已レガ手、又ハ、力ノ程ニ適《カナ》フコト。コロアヒ。」と。手の程に適わぬ椀、手頃でない椀は駄目といった意味のことが記されているけれど、めし碗も汁椀も手頃でないとメシがまずいと思う手頃さ感覚はいまのぼくらも持っていて、女の椀と男の椀の区別があったほうがいいと思っているものも少くない。

身長比で計算すると椀の口径は身長の八パーセント相当だと手頃だ。身長一五〇センチの人間の手に合う手頃な椀の口径は一二〇ミリφで、身長一四〇センチの人間にぴったりの椀の口径は一一二ミリφということになる。昔の夫婦椀のきまり寸法が口径で一二〇ミリと一一四ミリだったが、この椀寸法から当時の男の平均身長が五尺つまり一五〇センチで、女の平均身長がそれよりも数センチ低かったことが逆証明できる。

でもなぜ昔はこうも性別の食器やめいめいの箸にこだわったのだろうか?

ぼくらはもしかしたら「触覚民族」

誰もが持ってる〃属人器〃

属人器は専門語。大工の持ってる砥石や金鎚のような、人に貸さない道具を属人器というのだが……。

しっくりした属人器になるように大工は金鎚の柄を自分の手に合う太さに自分の仕事に合う長さに、自作し属人道具に仕立てあげて、人に貸すことは無い。ほかの大工も、借りようとはしない。属人器に仕立ててある借りた道具は他人好みの柄がすげてあって、とても使えたもんじゃあないからだ。

大工は砥石も人には貸さぬ。貸すと砥石の面が狂い、研ぎの調子をとりもどすのにすごく手間がかかるから。

手放したくない道具、無いと困る道具、それが属人器というわけだが、大工だけじゃない、ぼくらも、箸や茶碗を属人器扱いしている。パーソナルチェア、つまり属人椅子を欲しがったり、一戸建てに住みたがったり、マグカップをめいめい持ちにしてうれしがってる娘がいたり、ぼくらの属人器好みは相当なものだ。


なにゆえの属人器好みなのだろうか。

独断と偏見でぼくは、ぼくらの属人器好みの原因を、日本人生来の鋭い触覚によるものと信じている。言うならぼくら日本人は、触覚民族なのだ。青畳の踏み心地を楽しんで来た、足の裏にも触覚美意識のある触覚民族なのだ。手頃な長さの箸でないとメシがうまくないと触覚的に思い、手頃な茶碗でたべないとメシ喰った気がしない、箸も茶碗も触覚的に吟味するクセの強い民族、とぼくは見る。

手で味わう、唇で感じる

ところでこのところマイグラスがちょっとしたブームになりかかっている。マイグラスは、これ俺の椅子だよというのと同じ、グラスのパーソナル志向で、好きな飲物ぐらいめいめいに、サイズも重さも手頃なのでやりたいという、いわばグラスの触覚的選別。共用のグラスを嫌ってグラスも属人器にしようという、女の子たちのマイマグカップと同じ志向。洋食器のグラスがいま和食器になろうとしているのかもしれない。

冷凍庫でチンチンに冷したマイグラスでやるビールの味はまた格別だよと、マイグラスを大事に冷凍してる男がいる。なまぬるいコップの口あたりなんて糞喰えだ。ビールがまずい。ビール飲むなら口あたりの素敵な冷凍庫から出したてのグラスに限るといった、こんなビールの楽しみかたからも日本人の唇のうるささを感じてしまう。

唇の触覚はすこぶるシャープで、器の口あたりをうんぬんする好みまでもっている。ビールのコップはビールより二度ほど冷いほうがビールがうまいとか……唇の触覚は味覚と連動しているのだろうか。

唇もだが、手も味覚と連動しているらしい。

冬の朝の味噌汁はうまいがあの味はスプーンで飲んだら味わえない。椀を手にもってでないと味わえない。色・香り・味を目・鼻・舌で、そして温もりを手でも味わう朝の味噌汁。

手でたべるとうまいもの、せんべいとおにぎり。手でつまむとよりうまいもの、握り寿司。手にした器で味わうもの、甘酒・味噌汁・煎茶。

茶をより楽しみたいからぼくらは茶器に把手をつけない。湯呑の抱き心地も茶のうまさなのだ。

ぼくらは触覚民族。手でもお茶・食事を楽しむ。足の裏で畳を楽しむし、楽しみたくて玄関で履物を脱ぐ。

手頃さが食器のいのち。器は「手で買う」

目方はなんぼ？　手が応える

店先で、手でも吟味して買っているもの。手袋・包丁・箸・椀・湯呑。いまはハンドショッピングしていないが、手で買ったほうがいいのになあと思っているもの。コップ。

手袋には店で手を入れてみる。指一本一本の収まりを試し、にぎりこぶしを作ってみて掌の収まりも見て手がこれでよしと納得したら、買う。靴を、足が納得したら買うように。

かつて包丁は手で吟味して買っていた。プロは今でも刃物店で包丁を振ってみる。キレ味も包丁の使い勝手も、目には見えないが、振ると判る。この包丁

頭が軽すぎないか重すぎないか。目方はなんぼ？　すると手が応える。一四五グラム。あんたの好みとぴったりだよと。プロの手秤は冴えている。使い馴れた包丁の目方を二～三グラムの精度で記憶している。手は使いづらい包丁、嫌いな包丁の目方も覚えている。薄刃包丁なら、一二〇グラムが手頃で一番使いやすいとか、研いで一一〇グラムに軽くなってしまったら、もう駄目。一丁あがりなのさとか。薄刃包丁ではたったの一〇グラムの重さの違いが使いよいと使えないの明暗をわける。その一〇グラムを手が、秤を使わないで測りわける。

買手が作った〝きまりもの〟

箸も手で買う。

お値段・色・柄でも選ぶけれど買う決心は手でする。昔は手のものさしの咫《あた》で測って、長さを吟味し、家族めいめいの手に合う手頃な長さの箸を選んでいた。ついでに目方も。手秤で測った。これ軽すぎて使いにくそうとか、重すぎて嫌いとかぶつぶついいながら。いまみんなが手頃だと思う箸の、長さは大人用で二四センチほど、重さは一八グラムほどだ。地域ごとに、多少の重さの好みの違いがあるけれど。

箸の買物も、手。手が買う買わぬを決める。目がどんなに色・柄・お値段で気に入ってる箸でも、手が駄目といったら駄目。箸の買物は成立しない。椀も手で買う。椀は昔から手で買いつづけてあの形あの大きさに仕立あげた食器。

椀は店で買う時に、まず店内一巡、値段と形と色と粗よりしたあと、手に持って、吟味する。高台の指のかかり具合までたんねんに試す。店員には内緒で唇をあててみたり……そして横持ちしてみたり。

椀。とにかくこれは手の道具。ひんぱんに膳にあげおろしして、手で食物を直接口に運ぶ食器。ぬくもりを楽しんだり。これ女の子の手には大き過ぎるかな？　と口径二～三ミリの違いをうるさく試す。

食器を手に持って食事をするような国は日本以外にもあるのかしら。お隣の国韓国では、まず食器は手にしない。お粥は匙で口に。

ぼくらの食器を手に持つ食習慣、有史以来のことらしい。手に持つんだからと椀をぼくらは手で吟味し続けた。その結果、幕末になるとほぼいまのと同じ形・大きさ・重さの、手が決めたきまりものの椀が出来あがる。

いま、きまりものの椀の口径は一二〇ミリ。漆の椀も一二〇ミリなら瀬戸ものの碗も一二〇ミリ、プラスチックの椀も一二〇ミリの寸法が守られているけれど、さてこうした椀のきまり寸法、一体いつだれが決めたのか。

買い手の手が決めた。長い、椀の売り買いの歴史の中で、職人の仕事場や店先で客の手が、もう三ミリ径を大きめにとか、この高台、大きすぎて持ちにくいよとか、作り手に直接間接文句をつけ続けたその結果、これなら客が文句をいうまい。と落ちつくところに落ちついて、きまりものの誕生！

「触覚美」は日本の美

いまも寸法は昔のほぼきまりのままだが重さは時代とともに動いている。戦前まで手頃とされていた一二〇グラムものの椀はいま嫌われる。好まれているのは九五グラムものの椀。軽けりゃいいかというとそうでもないようで、重さ七〇グラムのプラスチック製は、軽過ぎて嫌われている。

漆の汁椀の重さの好みは流動的だがめし茶碗の重さの好みはこのところぴたっと定まって動かない。

一〇〇グラムだ。

一五〇グラムの民芸調のめし茶碗は、重過ぎて売れない。だからいま、瀬戸も有田も波佐見《はさみ》でも、めし茶碗はオール一〇〇グラム。

つい数年前までは一〇五グラムのめし茶碗に圧倒的な人気があったのに、いま一〇〇。この重さ、客の手の好みのうつりかわりと見たい。そして汁椀が九五グラムでめし茶碗一〇〇グラムだという重さの近似に注目したい。客にしてみれば汁椀とめし茶碗、交互に左手に持って食事をする食器。同じ重さ、同じ口径、同じ持ち心地、つまり同じ手頃さなのが一番なのだ。

それにしても食器の吟味を、こまごまと手でなんて、ぼくらはやはり触覚民族。

日本の料理は目でも楽しむ料理。盛りつけや器の美も楽しむ料理といわれるが、手でも楽しむ料理とぼくはいいたい。目には見えないが、箸にも椀類にも湯呑や小鉢にも、手頃さ、手ざわりのよさなど、触覚的な美しさがかくれている。使い手の好みに工夫した一目では判りかねる日本的な美しさ、「触覚美」が。

文句をつければ食器も良くなる

グラスとコーヒーのカップも、ゆくゆく日本の食器に育てあげたい。そのためにはガラスの器、カップの売場で、お椀や茶碗のように、手で買物をするといい。手の買物をし続けるとゆくゆくグラスもカップもぼくらの食器に育ってくれる。このグラス、重すぎるから買うの止めるわとか、女サイズのゴブレット無いの？　とか店に注文をつけること、是非必要。店員に買わない理由をはっきり言い残すのは客の義務。女サイズのゴブレット無いの？　と注文をつけるのは、ユーザーの生産参加にもつながる、いいことなのだ。

　手頃さこそ食器のいのち。そう信じ昔のユーザーは店先であれこれと椀に注文をつけていた。お宅のお店、女もののお椀置いてないの、とか、このお椀の高台、低過ぎてすくい持ち出来ないのよ。だから買うの止めるわ、とか。

　こんな文句・注文をつけつづけたお陰でいま店で売っているお椀はどれもこれもいいお椀。たとえプロのデザイナーが取組んだとしてももう改良の余地もないほどの完璧なデザインにすでに出来上ったのだろう。

　日本のお椀はアノニマスデザインの、世界の傑作。

　ところで椀のディテールを、手との関係で見てみよう。

口径寸法はぼくらの両手の親指と中指とで作る円と全く同じ寸法になっている。買物客の手がそう注文したのだ。

椀の高さは口径のほぼ半分。口径一二〇ミリの椀だと六〇ミリが標準的。こんな椀だと洗ってふせて置いてあるのを片手で持ちあげられる。かぶせた手の指先が椀の縁にとどくから。

高台の直径は掌の人さし指と中指を開いた間にすっぽり収まる寸法だ。膳の上の椀を横からすくいとるようにして持つのにちょうどの寸法につくられている。そして高台の高さは指の太さとほぼ同じ十一〜十二ミリ。高台が高いと椀は不安定だし、かといって八ミリぐらいだとすくいとるようにして持つのに、指が入らない。「椀のかたちは手のかたち」なのである。椀を手のかたちにしてくれと注文したのは、他ならぬぼくら客。

『食器の買い方選び方』一九八七年

YOSHIO
14

一机多用のテーブル

わが家の食事が椅子とテーブル式になってもうかれこれ三十年ほどになります。その前は、わが家、畳の部屋にちゃぶ台と座布団を出して食べてました。なんであの時、終戦のすぐあとのことだったんですが……、坐る食事から腰掛ける食事に変えたんでしょう。大した理由もなかったんです。なんとなくアメリカの真似をしただけ。ガムやコーラと同じ真似です。

強いて言えば、坐る食事は女に気の毒。男は大あぐらかいて、やれビールだお茶だと言ってりゃあいいけど、女は言われるたびに席を立つ。さぞ大儀だろう。めしの時ぐらい一緒にゆっくりやろうと民主的な? 男の思いやりもちょっぴりあったのかもしれません。とにかく流行だったんです。当時の……。

あれから三十年。椅子テーブルで食事して見て不便だなと思ったのは、お客さんのとき。お客さんのぶんまで見て大きなテーブルと沢山の椅子を置いておおけば部屋が手狭になるし、バタフライやエクステンション方式にすれば、テーブルの大きさは小さくしたり大きくしたり変えられるけど、椅子はスタッキングの利くものにしなけりゃあならないし、その置き場所には困るし……とにかく親しい客と一緒にご飯を食べるのには苦労しちゃいました。

椅子式に改める前のわが家の食卓はちゃぶ台でした。あれは軽便でした。丸い食卓でした。食事の後、さっと片づけられてとても軽便でした。四人で坐っても六人で囲んでもサマになる食卓で、「ちょっとずつつめて」と言えば七人、無理すりゃあ八人坐れて、ちゃぶ台と座布団の食事はとても便利でした。

ちゃぶ台は食事の時になるとどこからか部屋に運んで来て、済むと脚を折り畳んで「片づけてしまう食卓」でしたから、部屋がとても広く使えました。茶の間が食事以外のことにも使えました。丸いちゃぶ台は何人用と言った区別がなくて、坐る人間の頭数を制約しない、融通のきく「自由な食卓」でした。

どこのお宅でも食卓は日に三回、必ず使います。でも四人の家族が四人用のダイニングテーブルを日に三回、毎回四人で使ってるでしょうか。使いません。

朝は起きた順に軽食をかきこんで学校へ、会社へ、すっ飛んで出て行くんです。家族全員そろっての食事はたぶん、どこのお宅でも夜ぐらいでは？　それも週に一、二回。土曜か日曜の夜ぐらいに限られるんじゃあないんですか。そして家族全員とお客がそろって賑《にぎ》やかに食事をするなんてこと、年にほんの数えるほどしかないはず。

年に何回もないお客さんのときのことも考え合わせ、沢山の椅子と大きなテーブルを置いとくのは、部屋が狭くなってつまらない。専用の食堂のある大邸宅ならともかく、ぼくの家なんか手狭で専用の食堂なんてないんです。ご飯は、居間兼食堂のワンルームで。ですから場所ふさぎな専用食卓なんか置いとくスペースは無いんです。

いろいろに使う部屋ですからいろいろに使える椅子とテーブルを置いて、そこで食事もしています。市販のダイニングセットは大きさも高さもそして附属の椅子の具合も、食事専用型でくつろげませんから、自作の万能テーブルで暮してます。家族七人用の七〇×一九〇センチの、大きな机一つを置きっ放しにしてますが……。

小さいテーブルもいいな。大勢のときには寄せ集めれば大きなテーブルになるし、めいめいに好きな場所で使うことも出来て、部屋のあちこちに数個、小さいテーブルの置いてある部屋もくらしやすそう。近ごろふとそう思うことがあるんです。

むかしの日本の食卓はお膳でした。お膳はとても小さくて、軽くて、台所から食事を載せて運ぶにも、済んだ食事の後片づけにもとても手軽でした。「ポータブルな食卓」でした。食事のときに持ち出して、済んだら「片づける食卓」でした。積み上げて片づけられる「スタックのきく食卓」でした。二段三段重ねて運べるぐらい軽くて、車のいらない「ワゴン」でした。食事の「運搬具」でした。脚の生えた「お盆」みたいなものでした。

箱膳と言うのもありました。蓋つきのお膳で、中にお箸《はし》・めし茶碗・汁椀・手塩皿など、一人前の食器が入れてありました。箱膳は「食器戸棚のような食卓」でした。

箱膳は「めいめいの食卓」でした。これぼくのこれわたしのと、持ち主がちゃんときまっていて、自分だけの食器を入れておく「めいめい用の食器戸棚」でした。

食事の時間におくれたもののために、用意した料理を中に入れておくものでした。蓋がきちんと閉まって、蝿《はえ》もゴキブリも入りませんから、とても衛生的な「蝿帳《はいちょう》つきの食卓」でもありました。

箱膳は仕事がとりこんでいて忙しい時には台所の片隅で、ゆっくりの時には炉端でと、どこにでも運べてどこででも食事が出来て「お弁当箱のような食卓」でした。

便利で楽しい現代版の箱膳は考えられないんでしょうか。

一つの道具をいろいろ使いわける。これは日本人の生活の知恵です。「一器多用」の知恵です。箱膳はその一器多用の見本みたいなもの。食事の運搬具で食器の収納具で食卓で、後片づけ用のお盆で蝿帳を兼ねていました。

お膳を使っていたころの茶の間は「一室多用」でした。ちゃぶ台かお膳が運ばれれば食堂。裁縫道具を拡げれば仕事場。夜具をのべれば寝室。一部屋をいろんなふうに使ってました。

広さが六〇×八〇センチぐらいの小ぶりのテーブル。高さはリビングダイニングにもむくやや低い椅子に合わせた六〇センチぐらいのテーブル。ちょっと宿題をやるのにも、アイロンをかけるのにも、テレビ見ながら一杯やるのにも具合よさそうな、二人でお茶をのむのにもぴったりで「一机多用」に使えそうなそんなテーブルを、やや広くとった現代版の茶の間に三つ四つ、置いといて、家族で思い思いに使ったら？　そして食事どきには部屋の中央に人数前を寄せたら？　三つ寄せれば八〇×一八〇センチ。六人用の広々とした食卓になる。二つ寄せれば四人用。四つ寄せれば八～十人のお客さんが出来る。

この一机多用のテーブルを三、四個置いた部屋は一室多用に活用できそう。昼、子供たちも出払っての食事どきならねえ奥さん、一つのテーブルにはつけかけの家計簿、もう一つにはやりかけの刺繍《ししゅう》。そしてもう一つでお昼をたべて……。夜、帰りの遅いご主人用に夜食をセットしとくのにも、このぐらいの大きさのテーブルがぴったり。早朝、トーストとトマトジュースのモーニングにもまたぴったり。

四本の脚のうちの二本にだけにキャスターをつけておけばワゴンになる。食事の準備後片づけに便利至極で「お膳の伝統」も活かせそう。

『暮しのためのデザイン』一九七九年

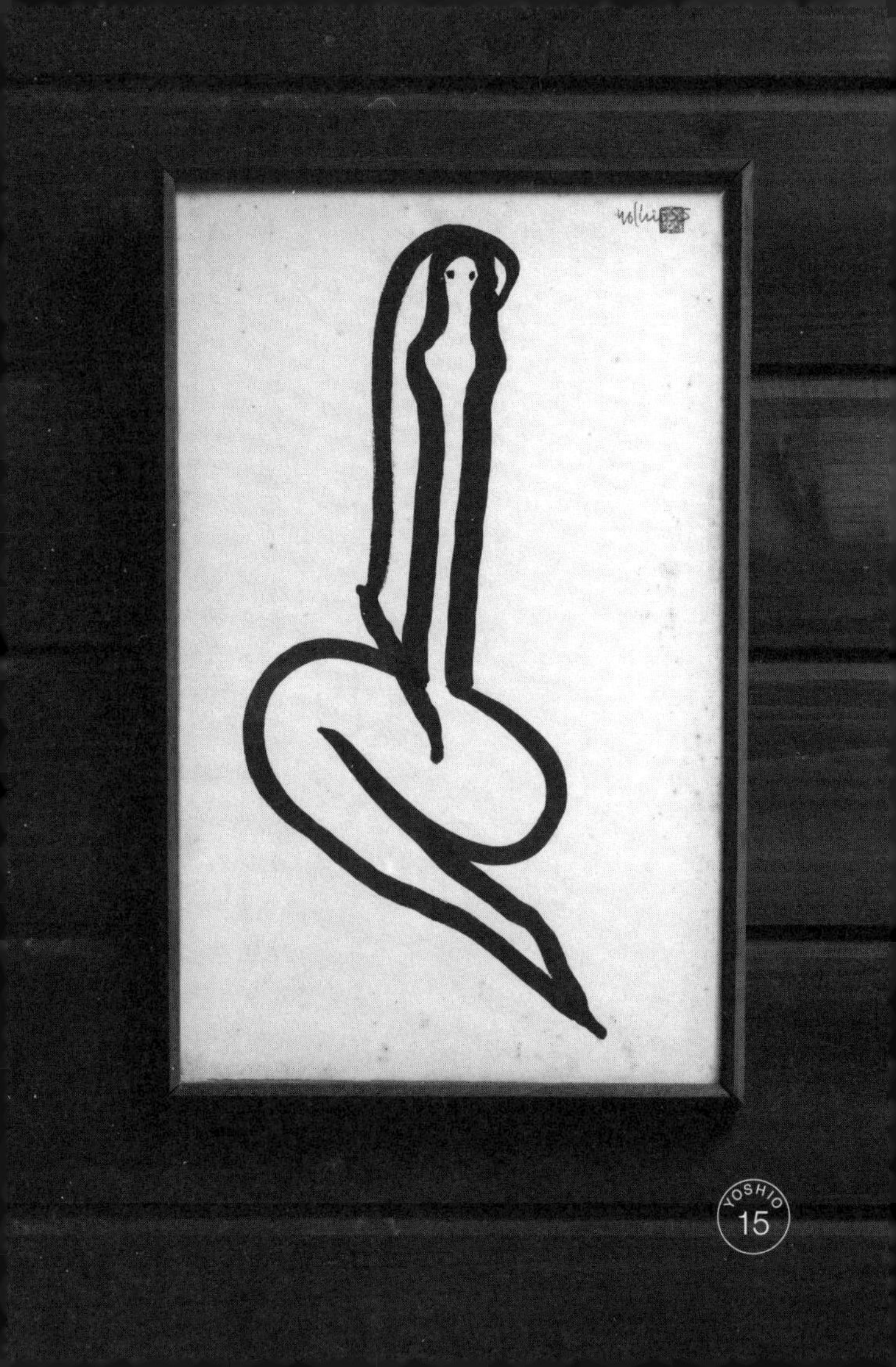

YOSHIO
15

女には女の椅子

家で使う椅子は、街で腰掛けている椅子と同じでいいのでしょうか。

違うところが三つないといけないのでは……。

違いの一番目は、座面高。家で使う椅子の座面高は、玄関に脱ぎすてた靴の踵《かかと》の高さぶん、街の椅子より低くないといけません。

千人か万人に一人の割で、わが家に帰ってからも、ベッドインするまで靴を履きつづけている変な日本人もいるらしいけれど、なみの日本人なら、やれ今日の仕事も終ったぞ、やっとわが家に帰ったんだと、素足の感覚でも実感したくて、玄関で靴を脱ぎます。そして居間で靴下も脱ぐのです。靴を脱ぐと、わが脚は街を歩いていた時より短かくなります。靴の踵ぶんだけ短かくなったその脚で腰掛ける椅子の座は、街の椅子より低くないと困るはずです。

違いの二番目は、性別。街の椅子の座の高さは男寸法でいいのです。座の高い椅子にも女は快適に腰掛けられます。脛《すね》をハイヒールで男なみに長くしていますから。バスのシートの高さも喫茶店の椅子も劇場のシートも、街の椅子は男むきの高い座でいいのです。

けれど、いったん家に帰り、玄関でハイヒールを脱ぐと、彼女たちの脛の長さは、そうなんです、生まれながらの長さに縮んでしまいます。部屋で、殿中松の廊下の浅野内匠頭のようにスラックスを引きずって歩くのが嫌で、女たちは玄関でハイヒールを脱いだあとスラックスの裾をたくしあげるのです。

靴を脱いで、生まれながらの脚にたちかえった彼女たちは、街の椅子よりも、脱いだ靴のヒールぶんだけ座の低い椅子が必要になります。外国では全く必要のない女の椅子が、素足ぐらしの日本では絶対必要なのです。

ある日ある時そう気づいたわたしは、女房の椅子の脚を、鋸を持ち出してゴシゴシ、彼女の脚に合わせて切り始めました。女の椅子に改造するために……。脚を切りつめる前の椅子は、男のわたしには結構な掛心地の椅子でした。座面高は四三センチでした。その脚を、わたしより二〇センチ低い、身長一五二センチの彼女に合わせて、五センチ切りつめました。

五センチ切りつめたとたんに椅子は、めっきり女の椅子らしくなりました。見違えるほど掛心地がよくなったわと喜ぶ彼女に、ちょっと貴方もといわれて試しに腰掛けてみてびっくり、なぜなのでしょう、男のわたしが坐ってもしっくりなのです。

女寸法の座の椅子に、なぜ男が坐ってしっくりなのでしょう。男寸法の座の椅子に、丈の低い女が腰掛けたら、踵が浮きます。なのに、なぜ男は女の椅子に坐れるのでしょう。大は小を兼ねるといいますが、椅子の座だけは例外で、低が高を兼ねると初めて判って、大発見でした。

街の椅子に性別は無用です。けれど家の椅子には絶対必要。女には女の椅子が、と思いこんでいましたら、どうやら家で使う椅子は、すべて座面高に限っては女寸法でいいと判り、しからばと家じゅうの椅子の脚を全部女寸法に切りつめてしまいました。

違いの三番目は、椅子の一脚多用性。

ホテルの椅子は、ロビーのふかふかのイージーチェアーかソファー。ダイニングルームのはアームつきの小椅子。そしてルームチェアーはベッドサイド風で、部屋ごとに用途別のつくりと寸法です。いずれも専用。それを真似て、かつてはわたしの家でも椅子は、リビング用とダイニング用と勉強用とがそれぞれ違っていましたが、そうでなくとも狭いわが家が沢山の椅子で足の踏場もなくなって、困り果てた揚句、写真のような、一脚多用型の椅子だけを使って部屋を広々と使うことにしました。この椅子は旭川の家具デザイナーの田中君と、わたしとで工夫して創りました。

座の高さは女むきにデザインしましたが、大きい方の座の広さは、男むきに、あぐらをかけるように広々と創りました。男のあぐらむきにつくりましたら思いもかけず、女と子供が二人掛け出来る椅子になりました。小さい方の椅子は子供が持運べる重さになりました。

この小さい椅子一つと大きい椅子二つを横一列に並べると、昼寝も出来そうな長椅子になります。

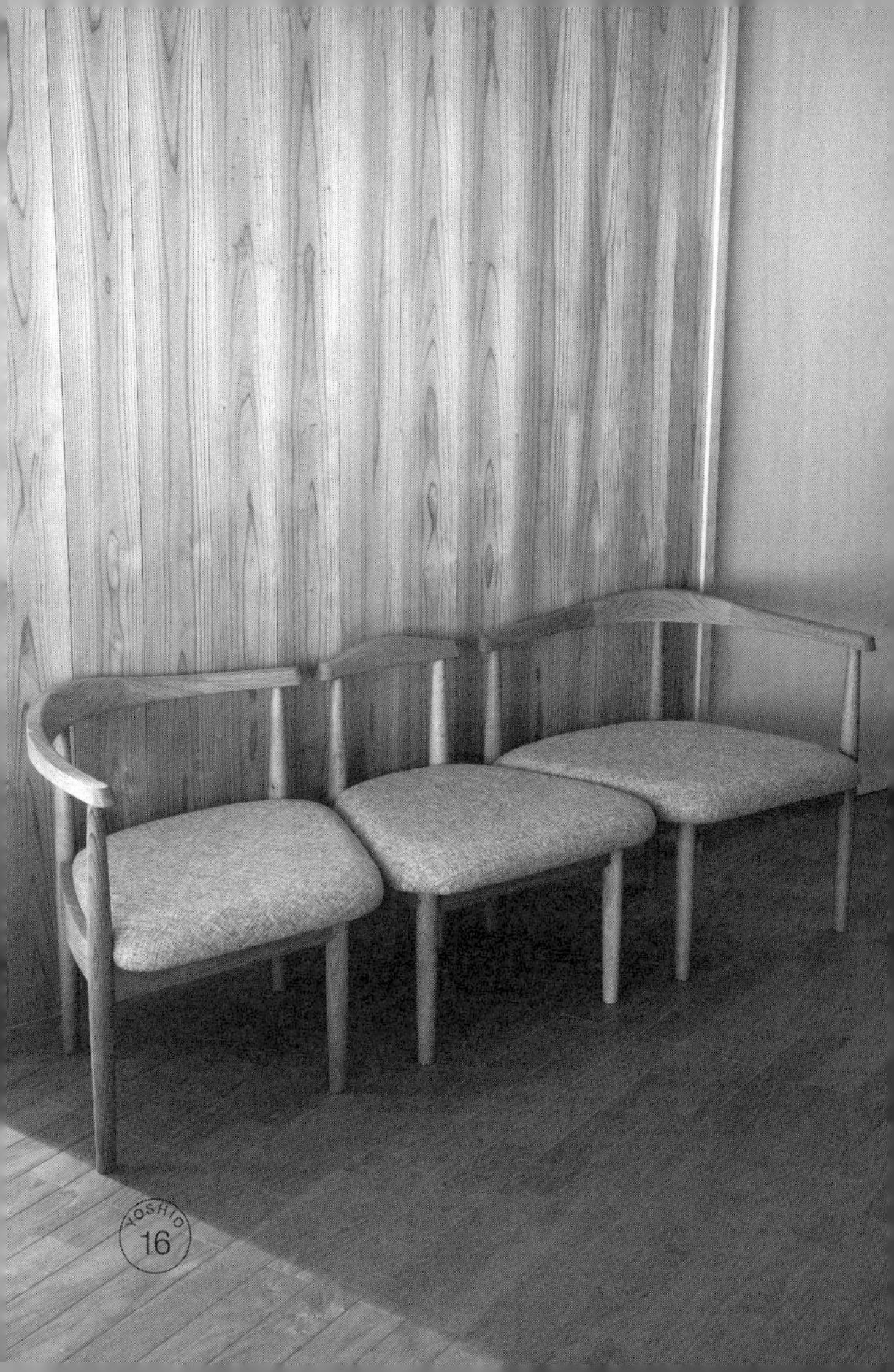
YOSHIO
16

わたしの家のワンルームにはいまこの一脚多用型の椅子が、大小九脚置いてあります。家族揃ってこの椅子で食事をします。テレビもこの椅子で観ていま す。お客さまもこの椅子です。勉強も裁縫も。家族もですが、息子たちの友達も、客も、みんなでこの椅子を賞めてくれます。

『いいもの ほしいもの』一九八四年

Jumbo

暮らしのデザイナーはあなたです

「こんにちは。きょうは買いたての家具の脚をちょんぎる話です」

「ぼくは、お店で買った椅子・テーブルが配達されると、すぐ鋸をとり出すんです。なぜ鋸を？　そうなんです。脚を切りつめるためなんです。

大変失礼だなとは思ったんですが、有名な剣持勇デザインの椅子の脚も、買ったその日のうちに切りつめさせてもらいました。ぼくの体に合わせて切っちまったんです。もう十年以上使ってますが、この椅子、今日もぼくの愛用する椅子の一つになってます」

「ところで出来あいの食堂の椅子・テーブル。座も甲板《こういた》もどうしてあんなに高いんでしょうか。買って来たままの食堂の椅子テーブルは、まだすそあげをしてないスラックスとおんなじでとても使いにくい。脚が長目に出来ているのをさいわい、ぼくは店から届いたらすぐ鋸を持出して椅子テーブルのすそあげをやるのです。女房が針と糸で出来合いのスラックスのすそあげをしてくれるように、ぼくはわが家の食の家風に合わせて食堂家具のすそあげをするのです。

北欧製のきれいな食卓セットを購入した時にも、ためらいなく脚を、テーブルは十二センチ、椅子は七センチ切りつめましたら、恰好は多少妙になりましたが、おかげさまで部屋はまことにひろびろとした感じになりました。そして、ちょいちょいわが家にご飯をたべにやってくる親戚のチビ助の女の子の可愛い足も床にとどくようになりました。

椅子の脚を七センチ切りつめたのは、まえからこの部屋で使ってた椅子――この椅子だけはまだぼくは一度も手をつけていません。脚も切りつめていません。この椅子、誂《あつら》えたようで素敵。ご存じの豊口克平さんのデザインですが――。

家族みんなが好いているこの椅子の高さに、新規購入の椅子を切りそろえたと言うわけなんです。

豊口さんのこの椅子は、まことに不思議な雰囲気を持っていて、食卓で使う

YOSHIO
19

と妙にご飯がおいしくて、話もはずみ、ついつい食事の時間が長びくのです。読書、書きものにも具合がよく、テレビを見るのにも素敵な椅子だもんですから、食堂のほかに、居間にも書斎にも置いてます。

ですからおじいちゃんが、さあ正月がやって来たぞ、ことしも恒例の孫よせをやろうよ。てなことになっても十五人ぐらいの会食にはことかかない。あっちこっちの部屋の椅子を寄せあつめると、孫よせパーティーの席がさっと出来あがる。椅子がそろえば妙なもんで気分も揃うんです。椅子だけじゃあなくてぼくの家ではどの部屋のテーブルも同じ高さにそろえてあるんで、新規購入の北欧出来のテーブルもそろえて十二センチ切りつめました」

「テーブルは十二センチ、椅子は七センチと、それぞれ違う長さを切り落としたんですからその結果、椅子とテーブルの差尺は既製のものより五センチつまった勘定です。当然のことながら切った五センチぶんだけスープのスプーンを使うのには不具合になりました。スープ皿と口が遠くなってしまったんです。そのかわりにいいことがありました。おじいちゃんの着物の袖がよごれなくなったんです。高いテーブルだと遠くの食べ物に手を伸すときどうしても袖が汚れます。

いまのぼくの家の食卓は、テーブルが高さ六十一センチ、椅子三十六センチですからその差尺は二十五センチ。差尺が少ないんでテーブルの下でゆっくり足を組んだり、組んだその足で貧乏ゆすりをしたりは出来ません」

「ふりかえって見ると、ぼくの家の食事の椅子とテーブルの高さは、買い換えたり作りかえるたびに低目低目に変わりつづけて来ました。

戦後になって永年使いなれた座る食卓、ちゃぶ台の食事を止めて腰掛ける食事に変えた時のテーブルは、進駐軍の払い下げもので間に合わせたんですが、高さが七十六センチもあってなんとも馴染めませんでした。

いま思えばあれは靴をはいて食事をするためのテーブルだったんですから日本人、日本食、日本の住まいに合うわけがない。その高すぎた食卓にこりて二つ目のは一挙に十センチほど低くめの六十五センチに自作しましたが、それでもまだ高い感じだったので少しずつきりつめながら使いました。三つ目に自作したいまのは椅子に合わせてまえのよりさらに低い六十一センチにしましたら、やっと具合のいいわが家の食卓になりました。過去二十数年の間にしめて十五センチほどわが家の食卓は低くなった勘定です。差尺も三十センチから二十五センチにと少なくしましたから、ぼくの家ではよそよりも食器を五センチ顔から遠くして食事をしていることになります。

この差尺の二十五センチを、冬になるといつも、もう五センチほど縮めようかなと想うんです。季節もののナベ料理のとき、スキ焼のとき、なんとなくナベが高い感じなんですね。ホットプレートもののときにもまだすこしだけどテーブルが高いなと思うんです」

「いっそテーブルの下に足をつっこむのをあきらめて、大昔の箱膳・会席膳の食事のように思い切って低くして見ようか？　あの箱膳や会席膳は低かった。高さ十二センチのものは高い方で、折敷やらくるみ脚のお膳は、床べったりで、言わば差尺ゼロの食卓だったが、あれもよかった。

あれ式の差尺十五センチほどの食卓で食事をして見たらどんな具合だろうか。

小鉢・向づけに盛った料理が見下ろせて、さぞ食卓の景色がよくなるんじゃあないんでしょうか。食卓じゅうどの器にも、気持よく手が届いてけっこう使いやすいかも知れません。なべ料理も楽しめそうです。

　マホー瓶のふたに書いてある例の湯が出る出ないの表示、差尺三十センチの食卓だと立ちあがらないと見えないんですが、二十五センチなら開く閉まるの記号が上から見えてくるでしょう。

　ぼくの家ではかなり以前からシチュー、そば、そうめんを大きな椀でたべていますから困らないけれど、皿盛りにしたカレーやシチューはきっとたべにくいでしょう。うちでは四川流の豆腐料理も手に持つ器で、日本的にたべてるんですから、いかように食卓が低かろうと一向にかまわないんですが、でもやっぱり出前のラーメンはたべにくそう」

「夕飯ぐらいはゆっくり、出来ることなら二時間ぐらいかけて、夫婦でワインでものみながら、あるいは家中みんなでテーブルクックをしながら、時にはテレビの映画劇場など見ながらでもいいじゃないですか。卓上には小さなコンロを一つ置いてたたみいわしを焼いたり、ぎんなんをいったり、子供たちとピッザ焼きながらもいいでしょう。本よみながら、だべって、たべて、そんなゆっくりゆっくりの食事をしたいな。

そんな時の椅子はいまのこれ、豊口デザインのこれに限る。この椅子にゆっくり座って、さてテーブルをどこまで低くしようかしら。

ためしに三つあるテーブルのうちの一つの高さを三センチほど切りつめて、わが家のくらしとの馴染み具合をテスト中ですが、夜、女房とさしむかいの一杯をやって見たんですが、はなはだよろしい。気分が出る。ひる、やって来た二、三人仲間と囲んでだべって見たら、たいそう気楽な話がはずんだんです。

そしていま、斜にかまえた恰好に椅子を引きよせ、こうして原稿の下書きをしているんですが、これ又なかなか。

この高さはいい。こんどの休みにほかのテーブルの脚もきりそろえてしまおうか」

「でもこの高さ五十八センチの食卓、低すぎてたぶんよそのお宅では使いものになりますまい。

やっぱりスープはお皿とスプーンに限るのよ。そうおっしゃるお宅のテーブルと、ポタージュもお椀でやってるわが家のと同じ高さですみますまい。洋風食事のお宅と和風の食事のぼくのうちとで、食卓が違って当然だと思うんですが……」

「ところで今年のお正月、どっかのテレビが〝マイホームにマイルームなし〟と、うまい新作いろはガルタの一句を放送してましたが、まさにいまの日本の住宅事情を言いあてて妙。ローンでやっと手に入れたわが家、住んで見たらお隣さんと同じ間取り、同じ作りで画一的。亭主のマイルームもない狭さ。貧しい。マの字のカルタがマイルームなしなら、せめて住んだ人間、暮らしの知恵をしぼってタの字のカルタを「建売買ったらマイファニチュア」と詠みたいところ。せめて個性的な家具で暮らすことで住まいの画一化から脱出せずば。出来合いの家具が不具合だったら、買った食卓が高いなと思ったら、ズバリ脚を切りとばすぐらいでないと」と。

以上のお話、せんだってある主婦のあつまりで「暮らしのリ・デザイン」と題してしゃべったことなのです。
「その食卓が、たとえ有名デザイナーの作品でもかまうことはない。たべなれた食事、使いなれた自分の食器に合わせて四本の脚をちょん切りなさい。ちょん切って、既製品の食卓をわが家の食卓に改造しましょう」とハッパをかけ、「自分の暮らしを自分でデザインするめざめたユーザーになりましょう」と結んでおきました。

『創—つくる　日本人のくらし』一九七七年

グループ　モノ・モノの企て

モノ・モノ。生活をデザインするグループだ。昭和四十六年に東京で「モノを捨てない暮らしのすすめ展」を開いてこのかた、工業化・都市化の進む日本はどう暮したらいいのかと考え、こうしたら、と生活提案をしつづけて来た工芸グループだが、こんどは「裏作工芸展」を開こうといまその準備にとりかかっている。

モノ・モノは工芸を四つの型に区別している。Ⅰ、作家指向型でつくる工芸、Ⅱ、企業がつくる工芸、Ⅲ、生業型でつくる工芸。そして、Ⅳ、裏作工芸。Ⅳだけが職業的でないつくり方の工芸だ。

モノ・モノは東京中野のマンションで、彼らの言うⅢとⅣの工芸品を主にならべて常設展示型式で工芸品の即売をしている。Ⅰのものは全く置いていない。Ⅱのものは少しだけ置いてある。

作家ものの工芸品はふだんの実用を満してくれないから美術品だ、工芸品とは言えないと見て、モノ・モノには作家ものの工芸品は置いていない。

企業が工芸品を利益追求目的で生産すると、省力化・量産・機械加工の結果、安くて買いやすい工芸品は出来るが、分業化と機械加工のためにモノづくりの面白さが半減する。工員の労働が工業と同質になる。こうした生産方式で量産した湯呑などはもはや、たとえ民芸調の釉《うわぐすり》をかけてあっても、工芸品とは呼べない。工業製品だとモノ・モノは見る。

つまりモノ・モノは日常の用を足してくれない美術品や作る工程が楽しめない工業製品には関心を示さない。

モノ・モノの展示室はミーティングにも使っている一〇坪ほどの部屋に過ぎないが、そこに並べてあるモノは大半Ⅲのモノで、それに混って少数のⅣのモノがある。いずれも職人の技術と工具で作ったものだ。

モノ・モノの展示室に並んでいるのは、福井、河和田《かわだ》の山本さんの汁椀。愛媛、砥部《とべ》の工藤くんの皿。大分、日田の安間くんの木のナイフ、スプーン。津軽塗の田中さんのところの女の子が塗ってる七々子《ななこ》や石目の箸。大分の豊田さんのスリッパ入れの籠《かご》(この人はもとは農業専一だったが、数年前から竹のクラフトに専念しだした人)。四国、高松の有岡さんのモミのパン皿。宮島の西岡さんの茶盆。鳴子の伊藤くんの汁椀などと、日常品ばかり。いずれも買える値段のクラフトだ。

産地問屋や街の小売店から「良すぎて売れない」とレッテルを貼られて流通し難いモノを、「よすぎて売れないのは売り方がまずいんだろう」とモノ・モノはそれらを売ってみる。よすぎるモノはほんとうに売れないのか? と。

モノ・モノがⅢのモノを重視しているのは、Ⅲの技術が基本的には一品の注文にも応じられる生産技術だからだ。工業の技術は型による量産の技術だから誂《あつら》えモノは作れない。その工業技術の欠点をⅢの技術はおぎなってくれる。

例えば、左ききの鋏《はさみ》。刃物産地の工場ではなかなか作ってくれないが、町の鍛冶《かじ》に頼めば作ってもらえる。身障児の家具や歩行補助具や遊具。これらはプレスやインジェクションの機械では作れない。寸法・機能を一コ一コ、子供らに合わせなければいけないからだ。木の手作りなら創れる。洋服の誂えのように小椅子を一脚、ぼくの体、ぼくの坐りぐせに合わせて作ってもらえないか。そう頼んでも家具の大メーカーは応じてくれないが、椅子のクラフトマンなら創ってくれる。椅子のクラフトマンや町で身障児用品を作る若者や注文の鋏も作ってくれる鍛冶が近頃、少しずつではあるが増えている。もっと増えてほしい。モノ・モノはそう願って彼らのモノを展示室にならべておく。

入歯のように、椅子も眼鏡も鋏も住まいも、ぼくらの住んでいる町の工房でつくってもらいたい。クラフトで。工芸の技術と材料で。誂えで。

すでに一〇年続いてたモノ・モノのサロン（毎週月曜の夜）でみんなで話し合った「工業化社会での工芸はどうあるべきか」を箇条書きにすると、こんなふうになる。

(1)工芸は楽しい労働であること。
(2)工芸は「誂え」の利く工法をこれからも維持すること。
(3)工芸は「誂え」に応ずることで生活者の生産参加の復権に役立つこと。

(4)工芸品を町や村で創ることでコミュニティの生産力回復に役立つこと。
(5)工芸はめいめいの生活用具を供給することで個性的な生活環境を創るのに役立つこと。
(6)工芸は省資源産業をめざすこと。

街の人たちに(1)から(6)までを訴えてみようと、昭和四十九年には「木のモノ展」を一週間開いた。昭和五十年から五十三年まで四回、仙台で開いた「木のモノ展シリーズ」の「日本人のイス展」では、東北・北海道で作っている家具をならべて、東北の街で暮すんなら東北で作ってる家具を使って暮そうと訴えた。昭和五十三年の秋、東京で開かれた「暮らしの中の自然展」にも参加して、全国にはまだこんな大勢の誂えに応じてくれる職人さんがいますよと、桶《おけ》・挽《ひき》物《もの》・指物《さしもの》・洋家具・玩具・身障児用品の実演と受注をこころみた。

こうした展覧会でモノ・モノがユーザーに訴えつづけたのは、「愛用・誂え」であった。

メーカーに訴えたのは、「一品ものも、街でも作って欲しい」であった。

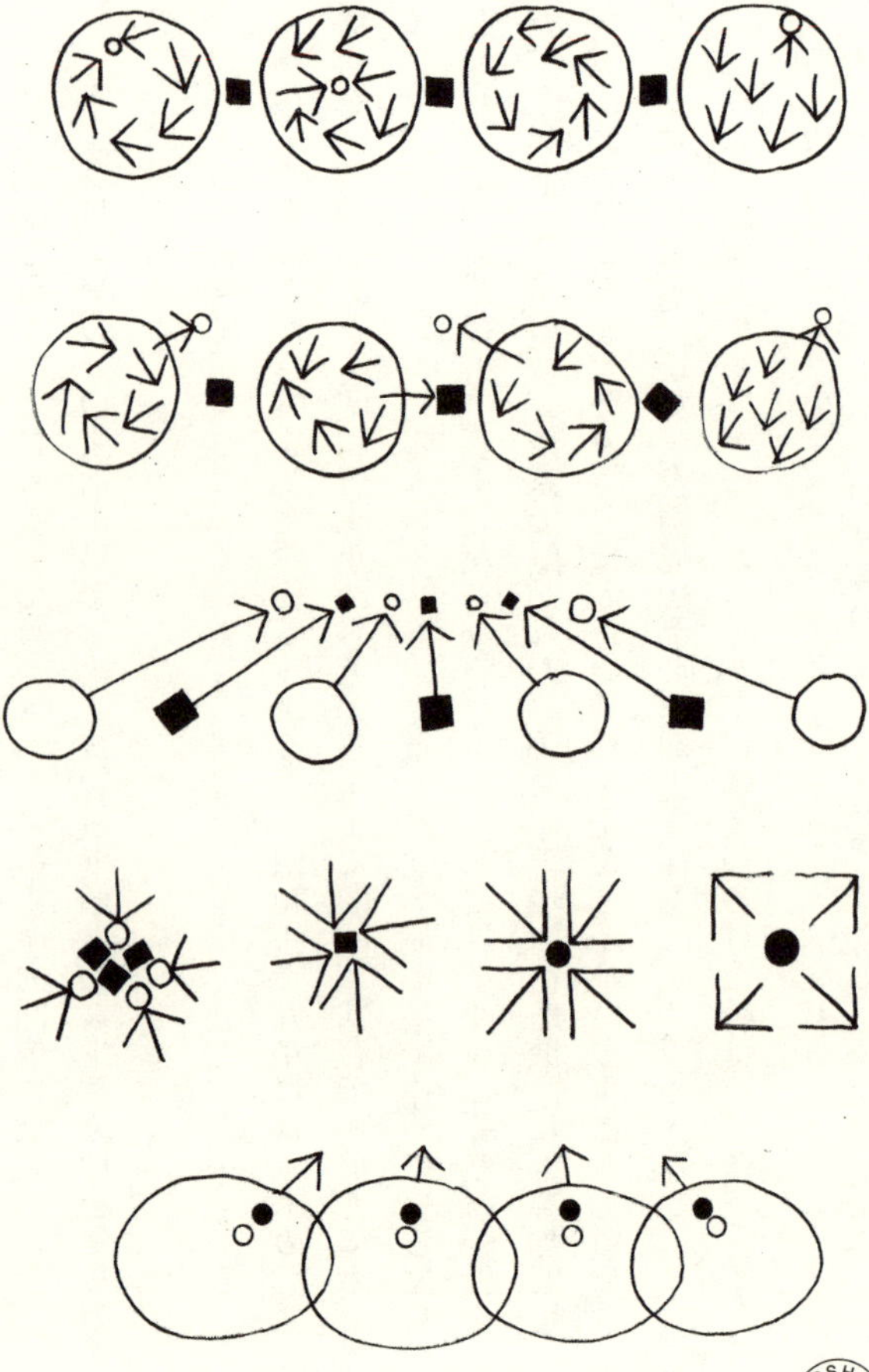

そしてこんどは「工芸を裏作でやりませんか」の展覧会を開く計画だ。モノ・モノのみんなで気づいたからである。サロンで話し合ってやっぱりそうだと考えたからである。

「美しいモノは楽しい労作からしかうまれないと。楽しみの工芸は、職業としては成立つまいと」

日田の時さんは役人だが、彼が「役人の裏作」で作るサラダボールは実に美しい。釜石《かまいし》の鉄工場の守衛さんをしてる菊池さんが人生の楽しみに作っている大根下しは評判だ。秋山郷の政一じいさんがコツコツ、むかし「山の裏作」で習い覚えた腕で彫る栃のこね鉢は注文においつけない。ぼくに津軽の山男が「山の裏作」技術で編んでくれた山葡萄《やまぶどう》の蔓《つる》のカバンはひどくみんなに欲しがられる。モノ・モノの部屋で使ってる栃の一枚板のテーブルは岩泉の工藤くんが作ってくれたが、こんなテーブルが欲しいとみんなが注文する。工藤さんは親子で製材業をやっていたが、大きな木を小さく切り刻んでは木が可哀そうだと、「製材業の裏作」で純木家具をつくり始めた。その机のまわりにならんでる掛け心地のいい椅子は去年、仙台の「日本人のイス展」用に注文で旭川の家具メーカーに作ってもらったもの。いい掛け心地だと評判だが、この椅子、インテリアセンターと言うメーカーが採算を無視してくれた言わば「企業の裏作」もの。

ついこの間新潟の津南町のある森林組合に行って来た。森林組合の人達が国からの森林改善対策のお金で立派な工場をつくっていた。木材乾燥器やロクロなどいろいろ木工機がずらりと揃っていて、これから「林業の裏作」に工芸品を創り始めようと言うところだった。いい工芸が成立つための要素は四つ、「時間のゆとり」「資金のゆとり」これで喰わないでもいいと言う「くらしのゆとり」それに楽しんで作ろうと言う「気持のゆとり」。

豪雪地帯だから津南の町の人達には、冬に時間のゆとりがある。一応林業でたべてるからくらしにもゆとりがある。あとは工芸を楽しむことを覚えればいいわけだ。津南でいい工芸品が林業の裏作で創れるようになったら、計画中の「裏作のすすめ展」に出してもらおう。

岩手の県北の大野村は文字通りの寒村だ。冬は村中で出稼いでいる。裏作に大豆を播《ま》いたら全部山鳩が食べてしまった。この村でもいま津南と同じような山村改善事業が進んでいて村で木工場を建てた。椀素地を挽こうかと目下計画中だが、ゆくゆくは村の「冬の裏作」で漆器を創りたいと言う。

京都に平安陶苑と言う立派な製陶会社がある。ここの社長の高島さんは取引先のデパートに納めている会社製品の出来がどうも気にくわぬ。こんなまあまあ陶器づくりで一生終りたくない。好きに創ろうと、社長自ら土瓶なんぞを挽いて焼いて絵までつけている。高島さんの土瓶は「社長の裏作」工芸品だ。

モノ・モノの「裏作工芸展」には、この高島社長の土瓶も、大野村の冬の漆器も、旭川の家具会社の裏作椅子も、岩泉の製材所の裏作木製家具も、津軽の山の男の裏作の山葡萄蔓で編んだカバンも。そうだ松橋村の賢次郎じいさんのにぎょうの籠も、あれも人生の裏作工芸だから一緒にならべよう。役人の裏作ものも沢山ならべよう。時さんのお盆、珠ちゃんの竹の籠。秋山の政一じいさんの栃の木鉢もならべよう。

旭川で楢《なら》の小鳩をつくってる久さんのいろいろな動物たちもならべて久さんにこう頼む。鳩づくりを「表作」にしないで下さいね。裏作で楽しみに作りつづけて下さいねと。

工芸は表作でやるのがいいのか、裏作がいいのか。見てもらいたいからモノ・モノは裏作工芸展をいま準備中なのである。

『暮しのリ・デザイン』一九八〇年

消費から愛用へ——使用者への提言

ほんものの箸

存外知られていないがわれわれが毎日使っている塗り箸の、なんと八十パーセントが福井の小浜《おばま》で集中的に生産されていることだ。同市の調べだと去年の「若狭塗り箸」の年産額は十三億円。メーカーの数およそ百。ある従業員五十名ほどの工場一軒だけでも五百種の箸を生産していて、推定だが、若狭全体でいま作られている箸の種類は二千に近いのではないだろうか。

「若狭塗り箸」がよく売れている理由は、二十数回も塗り重ねては研ぐ手のこんだものでも、わずか五十円（生産者価格）と格安なことに加えて、豊富な色・柄がそろっていることにあるようだ。

ナイフ、フォークで洋食を食べる時にはいわないが、箸を使う時になると親しい家族の間でも、自分専用の箸を持ちたがるクセが日本人にはある。伝統的に色・金銀の箔《はく》・卵の殻・青貝などで模様箸を作るのを売り物にしていたこの

「若狭塗り箸」が、めいめいが違う箸を持ちたがる日本人の好みにまことにぴったりだったわけだ。

皮肉な言い方をすれば「機能こそ美。なまじっかな模様などは不要」と考えた近代デザインには耳も借さず、ひたすら模様ものを作りつづけてきたのが若狭の箸の強味だったともいえる。だがこの手のかかる模様塗りがこのところ安く作れそうになくなってきた。日本の手仕事がバカ高くなったからである。

少しでも安くしたいと、ほとんどの業者は塗料を合成塗料、代用漆ものに変えてしまった。本漆の若狭塗り箸は探しても仲々見つからなくなった。協業化で近代化に成功したとの評判の、ある工場をのぞいてみたら、日本酒に例えたらさしずめ合成の二級といった、ひどく粗末な箸をせっせと作っていた。もちろんオール合成漆で。特別な技術が必要とはとても思えない、ごく単調な作業を、おばさんたちが座業でやっていた。よその国でもやれそうに思えた。もしこれ以上、この程度の手仕事までもが高くなるようだったら、現実に若狭塗りの箸を外国に外注する商社が出てくるに違いない。竹の産地・別府に先例がある。数年前から、日本の高くなり過ぎた手仕事に見切りをつけて、東南アジア出来の別府の竹製品を安く輸入してもうけている商社がすでにいる。もしも箸の商社が外国産若狭塗り箸を扱うようにでもなろうものなら、小浜市はたちまち十三億の地場産業を失うことになろう。

そうならぬ前に「機能も模様もともに優れたデザイン」の、酒でいうなら清酒の特級・一級クラスの、日本人でなければ作れない箸を作り上げておく必要がある。麺類を常食する日本人の箸なのだから、「滑らない」という機能のデザイン追求は特に大事。

なによりも「箸」は日本のくらしの原器。「代用」「二級」「外注」「デザイン不在」など、どの一つもやってもらいたくない。

おまけつきデスクを買い控える

周知のように、二月、三月は入学用品のセールスの絶頂期。各メーカーの学習デスクがはなやかな装いで店頭にならんでいる。昭和四十七年のデスク生産見込み台数は推定およそ百万台。いっぽう就学児童数は約百六十万人。十人中六人の児童にデスクを買わせようと大手メーカー数社と家具量販店がいまけんめいに売り込み合戦を行なっている。テレビの人気のキャラクターを刷りこんだ宣伝パンフレットは、おどろいたことに幼稚園児にまでばらまかれている。

ここ二、三年にわたり量販店などが入園児はおろか未入園児にまでダイレクトメールを送って宣伝したので、近ごろは学習デスクを入園祝いに買う親がぐんと増えた。最近の統計だと小学校入校時に購入するデスクの数と幼稚園入園時購入の比率は、十対三と後者がかなり増えるきざしを見せている。中学生用の腕時計をもらった小学生がすごく喜ぶように、さぞ喜ぶに違いないと、まだろくに数字も読めぬ幼稚園通いのわが子に、時計、温度計、湿度計、シャープナーなどのついた、いわゆる〝フル装備デスク〟を買いあたえる親がどんどん増えているというのだ。そもそも小学生用に作られたデスクを幼稚園児に買いあたえるのは間違いではないのか。

世の親の多くは、ついているのはたな一つと螢光灯だけといった健全な学習デスクを好まず、安い割には値打ちに見える、おまけつき入園入学祝いむきデスクの晴れがましさを競って買うが、これも大間違いである。デスクを祝・贈答向きに作るのがいけないんだと、メーカー側の企画やデザインや販売手口などが、このところ強く批判されているが、批判の的になっているその良くないデスクを買いささえている買い手側も、同時に厳しく非難されてしかるべきだと思う。過去何年にもわたっておまけのついていないデスクを！　とのデザイナーの提案や企業の試作品は「客が喜ばぬ！」といって営業企画の折に、「客が買わなかった」と試販テストの折に、そのつど没案にされつづけてきた。

賢明な買い手の「買いささえ」がなければいい商品は決して育たない。「買う」という行為で買い手も生産に参加しているのだと理解して、この際おまけつきデスクを買い控えてみたらどうか。かわいい孫を持つ年寄りにも考えてみてもらいたい。孫の幼稚園の入園祝いに学習デスクを贈ることが、果たして孫のためになることなのか？　と。

その数こそ少ないけれど、おまけのついていない健康な学習デスクをずっと作り続けているメーカーもある。その製品はよく探せばデパートに並んでいる。ダイレクトメール・カタログのすみっこを、も一度眼鏡をかけなおして見てごらんなさい。そんなデスクが小さいけれどちゃんと印刷されていますから……。

消耗品の不経済性

なぜか、すごい勢いで家具が売れてゆく。買った客はそれをいったいどこに置いているのか。狭い家だろうに。いまに置き場所がなくなって売れ行きがとまるのではと、ある大型家具販売組合の幹部が心配になり、コンピュータに聞いてみた。「住宅建設がはかどらず、家具の売り上げがこのまま伸び続けたら、二年後に日本人は家具の間をかにのように歩くようになる!」これは一大事と組合幹部は協議のうえ二つの対策を立てた。

一つ、応接セットは場所をとる五点ものより三点ものを重点に売る。二つ、

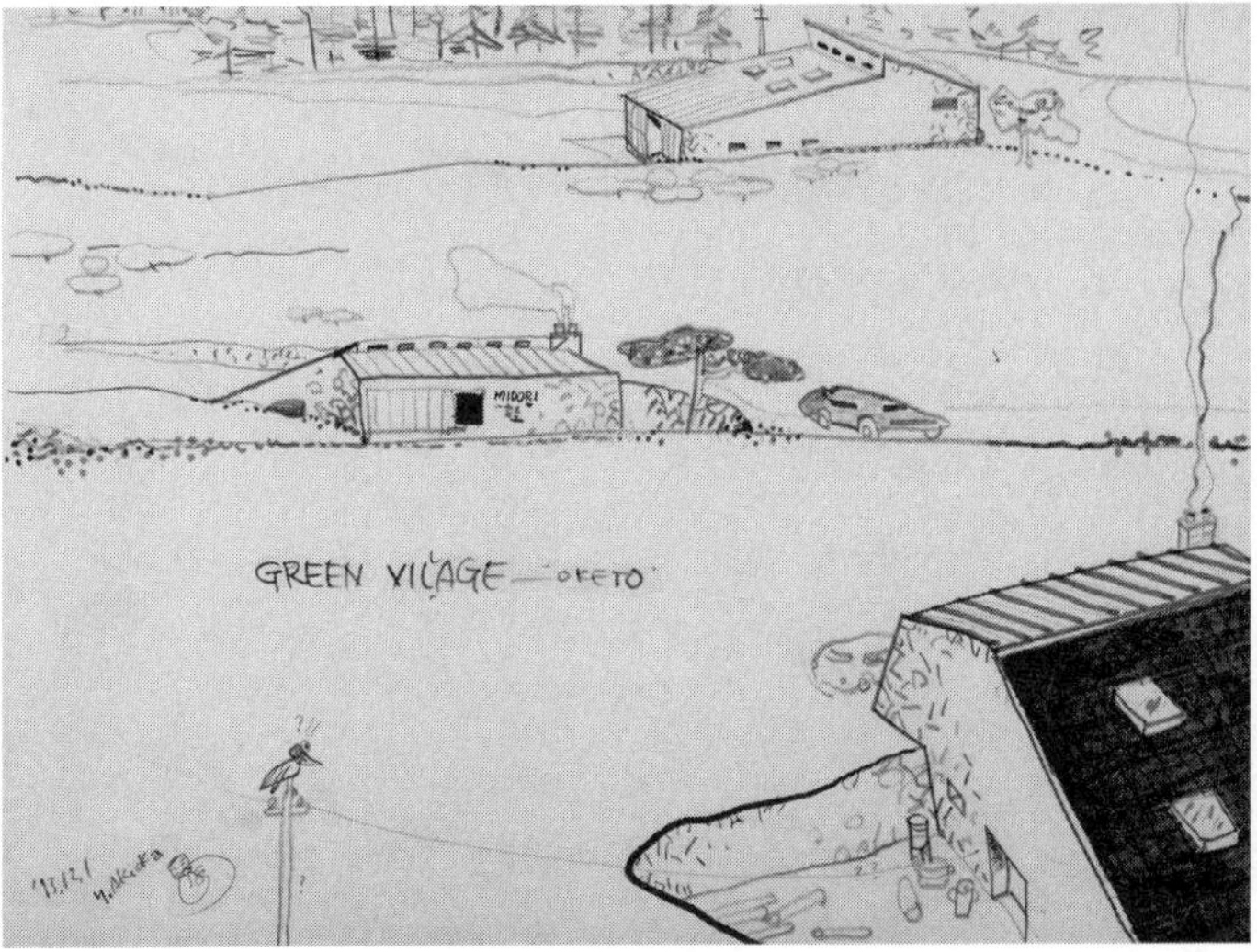
GREEN VILLAGE — OKETO
MIDORI
'93.12.1

ハーブの畑!
こんな工房住宅に
住めたらなあ……
緑に囲まれたウチに…
'93.12.1

YOSHIO
21

新しい家具を一点売るときには必ず同体積の古い家具一点の下取りサービスを励行する。

どんどん作るから、どんどん売らねばならぬ。どんどん売りつけるには、どんどん下取りして部屋にスキマを作らねばならぬ。どんどん下取りした家具は、どんどん焼却しなければならぬ。と、この販売会社は家具焼却工場を建設した。燃えぬものは下取りしません！　とやってはみたが、それでは後手！　と、今度は売りの商法を変えた。「スチールものは売るな！」。〈消耗品として家具を作る〉からこういうことになるのだ。資源もむだなら、作り手もむだ骨折り。努力してやっときょうセールスしたものを、明日また自分で引きとって手間をかけて焼く。ことごとくむだである。このむだをやって日本中がたべている。〈経済〉とはこういうことなのか。

この逆の話もある。「神戸家具」がそれ。明治のはじめ、外国船につんできた家具を手本に、見よう見まねで作りはじめて、以来えんえん百年。手作り、注文もの、一品ものに徹してきた家具メーカー四十数社の集まり。今は垂水《たるみ》の丘陵地帯に木工組合団地をつくって、近代的な経営と都会的な環境で、昔ながらに家具を、十年一日のごとく、いや百年一日のごとく手作りでやっている。工場を見せてもらったが、自動木工機は一台も無かった。自動機というやつは、一品もの作りにはなんの役にもたたぬらしい。チューダー様式の棚もあった。ロココの椅子もあった。古い型のものが多い。みんな百年ぐらいは持ちそうな作りだ。型も作りも持ちもみな客の注文だという。売り値は世の常の家具の五倍から十倍。十倍高くとも十倍長持ちするから、使用料は世の常のものと同じになる計算だ。

ここでは宣伝費も下取り経費も焼却費もコンピュータの使用料もいっさい不要。ついでながらデザイン料もまた不要。好みのいい客と腕のいい家具工が、がっちり組んで楽しそうに仕事をしているところに、ちゃちなデザイナーなどの介入するスキマなどない。家具のスタイリング・デザイナーは焼却工場のある家具会社の方へどうぞ！　といわれた感じがした。

飽きないデザイン

いつ見ても美しい民具は、かつて「里」で作られたものだ。「里」で作っていた物はみな末長く使うつもりの物ばかりで、その大半は注文で作ったものだった。里の人たちは作る者と頼む者と使う者がみんな顔見知りだった。だから使い手の要求と作り手の技術がぴったりと一致するものができた。

鋏《はさみ》の「国治」は、いまもって「里」流の手工業に徹していて、好んで注文ものを作り、進んで客とつき合う。客もまた一昔前の「里人《さとびと》」ふうに、自分で鋏を研《と》ぎ、ときにうるさく注文もつける。わたしがこの鋏を使い始めてから、かれこれ十年程になるが、初めまことに丁寧に作られたその形に引かれてこれを買い、二、三年使ううち、その使い心地や手ずれした鉄のはだ色に二度ぼれし、ついで半年ほど前、注文でやや長目の柄《え》の鋏を作ってもらってからは、ひどくこの国治ものが気に入ってしまい、もう一生この鋏を手放すまいと思うようになった。「里の物づくり」はかつて皆この鋏のような作り方、でき具合だったに違いない。

この「里」ふうと対照的なのが大企業の大量消費用もの作りで、例えば自動車のように、買ったとき一番きれいに見え、時がたつにしたがって急速に醜くなり、ほどなく捨て去っても惜しくない物になり果てる。そうなるように計画し、デザインし、宣伝するからである。心ない物作りといえよう。一方、中小企業の作っているものには使い捨てない物も多いが、皮肉にもそこにはあまりデザイナーがほとんど進出していない。

工作機械・印刷機械、医療機器・放送教育機器・公共の施設器具などの耐久財。測定器・各種工具・漁具・農機具などの専門道具工具。陶磁器・木竹工品・漆器などの生活用品什器《じゅうき》類。身障者・老齢者・身体不自由者のための器具・道具・什器。などの中小零細企業が作っている製品は、本来ゆっくり作ってゆっくり使うべきものが多い。ユーザーとメーカーと商社とが相談し合ってゆっくり作ったらと思う。一部大企業のやっている使い捨てものと同じ作り方だけは絶対に避けてほしい。

昔の「里」流に、お互いに顔見知りになって、ゆっくり作れば、この鋏のような、長く使って飽きない物がきっとできるだろう。

売り方のデザイン

福岡の八女《やめ》では伝統産業の手漉楮《てすきこうぞ》紙の作り手が、弘前では観光工芸品の津軽塗りの塗師《ぬし》が、福井の河和田《かわだ》では漆器作りの名手が、別府では竹の手編みのクラフトマンたちがいま、「いい店がない」という共通のなやみを訴えている。彼らの作っている物は、安くすればいまでもどんどんはける。が、それでは弟子や下職《げしょく》に満足な手間賃が払えない。「高く買いとって、高く売ってくれる店が欲しい」のだ。後継者作りを手伝ってくれる「いい店」が欲しいのだ。

八女の手漉組合が欲しがっているのは、日本一強靭な紙質を誇る八女紙を、丈夫だよ、こんなに強いよと、あの手この手でＰＲして今の倍の値段で売り広めてくれる店。ちなみに紙漉き工の平均日当、わずかに千円。組合の力でPRなど絶対不可能。

弘前の塗師が頼りたい店は、特技の七々子《ななこ》塗りの茶托や銘々皿を、色・形のうつりのいい京の銘菓や湯呑《ゆのみ》と組んで店先に飾り、今より三割がた高く売ってくれる都会の店。土地の店での観光客相手の商売だと安目安目にしないとだめだから。

河和田漆器のなやみは、輪島もののように名が通っていないことと、いまの若いものが漆と聞いただけで年寄りもの、料亭ものと見て、見向いてもくれないこと。だから地元の若い漆の作家は、自分たちの塗った黒の艶《つや》消しの盆にクリスタルのタンブラーをのせて、いま風のふんい気で売ってくれる都会の店をずっと以前から探している。別府ではクラフトものの竹を編んでいる若い面々が、自分たちの作っているパンかごをほかの産地のガラス器や布や焼き物と組んでディスプレイして売ってくれる店が、もっと欲しいと願っている。

以下のことは万能箸置きをデザインしたあるクラフトマンから聞いた話だが、

彼がせっかく、スプーン置きにも卵たてにも使えるようにと工夫した白いリング状の箸置きが、案に相違して全然売れず、くさっていたら、ある日ある店が実物の卵やスプーンをリングの上に置いて店頭に並べてみた。すると今度はうそのように売れ始めたとか。使い方を一目瞭然にしただけで売り上げ数倍増！

使い方を見せる展示、一緒に使う道具同士を魅力的にセットして、日常的、家庭的にディスプレイすること、伝統工芸品をこんにちの生活用品にイメージチェンジする見立ての工夫と、売り場の演出・ほんものを、しかるべく高く売る工夫・すべてのクラフトものに、この箸置きのような使用説明書を添えて売るアイデアなどなどの〈売り場と売り方の革命〉で、存亡の苦境にある伝統工芸産地の稀少技術を、現代の生活用具づくりに生かしてのこしたい。いまなら、売り方のデザインしだいで産地が救われる。

『デザインとは何か』一九七四年

"土間"

DOMA

COUNTORY FORUMで

ふだんを討論しよう

YOSHIO
23

竹とんぼからの発想

この五年間（一九八〇〜一九八五）にぼくは、正確に数えたわけではないが竹とんぼを、ほぼ八〇〇機削りあげた。

「千人斬り」ふうの悲願で削ったつもりはない。ただ「面白くて止められなくて」削りあげた。一九八五年十二月現在、まだ面白くて創り続けているぼくだ。手で考えながら創った。

そうしたら、

右利きの人間が飛ばす竹とんぼは、なぜか右カーブしながら水平飛行する。

といった発見や、

右利きのぼくの場合、左の手のほうが右の手よりも器用に仕事する。といった左手の見直しがあった。

ぼくの手は竹とんぼを精密な図面で、こう作れああ作れと指図されるのを終始終嫌い続けた。デザイナーに、器のフォルムや色彩をこまごまと指図されたときの陶工のように、渋い顔をした。

ぼくの手は自由に工作したがった。

「もう一機、いま作ったのと同じのを」と命じるとぼくの手は作るのを渋った。「同じのなら、機械にやらせなよ」と不貞腐れて拒んだので、だからこの五年間の八〇〇機は全部、違う形・異なる性能のとんぼになった。

ぼくは、手の働きを見直した。

手は反復作業に使うな。

手はその工作能力・考察力を活かして、創作に使え、と。

左手の働きにも注目した。

竹とんぼを削っているとき、右手に、そうだそこだ、そこをもっと削れ！とか、ストップ、削るのは中止とか、作業命令を出していたのは左の手だった。

翼の微妙な厚みや、左右の翼のあるかなしかの重さの違いを測っていたのも、注意してみたら、左の手だった。

「右利きは左利き」なのかもしれない。
ぼくの右手はパワーで、左手はセンサー。その右と左がみごとに連動する。

＊

土間の窓から近所の子二、三人が首をつっこんで「おじさん何やってんの」「竹とんぼつくってるんだよ」「竹とんぼってなあに?」「飛ばして遊ぶのさ」「飛ぶの?　それ」「入ってもいい」「いいよ」といったやりとりのあとぼくの土間に小学二年か四年ぐらいの男の子や女の子がどやどや入りこんでくるようになってからもう四年ほどになります。

研ぎの悪い刃物は大怪我のもとだからとよく研いだ小刀を持たせて竹とんぼを削らせてみましたら、心配したよりもいまの子らは器用に小刀を使いました。でも、心配だったのでバンドエイドを持ってきて、「いいかなこれは、ほれ、こうやって怪我しそうな指にぐるぐる巻きつけとくもんだよ、そうすりゃ血が出ねえ」と左の指に巻いてやって、なお心配でしたから小刀の先の尖ったところにもバンドエイドを巻かせて……「竹は硬いんだから万力で挟んでから削んな」

手伝ったせいかも知れません。案外すんなりと子供らは竹とんぼを削りました。近頃の子、鉛筆も削れないなんて大うそ。ことによったらいまの子供たちは鼻水たらしてツェッペリンにびっくりしてた頃のぼくらよりも器用かもしれません。竹とんぼの芯棒を細く丸くするのに苦心してるので、「こうやりゃすぐに丸くなるよ」と、ドリルスタンドのチャックに細い竹をかませてまわし、サンドペーパーで丸めてみせたら子供たち、目を丸くし、「ぼくにもやらせて！　すげえー」機械工作にも興味を示しました。面白がって他人のぶんの芯棒まで量産する男の子まで出て来たり……

近頃学校では小刀を使わせないらしいけれど、危いから持たせないというのは間違った教育です。危くない使い方を教えるのが教育でしょう。

はじめて鉋を使う子に鉋の使い方は難しいと悪印象をインプットしてしまっては非教育的と思ったので、ぼくは女の子にも、刃を鋭く研ぎ台をきちんと直した本職用の鉋を使わせましたらその女の子は、鉋がけの大好きな子になりました。ユー子という女の子ですが土間に遊びに来るなりいつも「鉋貸してえ！」なのです。

そしてあの硬い竹にすいすい鉋をかけて仲間の男の子に竹とんぼ用の板を削ってやるのです。

ユー子が土間に竹とんぼを作りにやって来るようになってもうそろそろ三年になります。小学二年だったユー子も五年生になりました。

この三年の間に、月一回ずつぐらいだったけれど土間にやって来て、一体ユー子は何本の竹とんぼを作ったのでしょう。完成させたのは二本か三本だったようです。三年間せっせと鉋ばかりかけていました。ユー子みたいに面白がって鉋をかける娘は、珍しい。

『竹とんぼからの発想』一九八六年

YOSHIO
24

逆引き図像解説

YOSHIO 1
目黒「ドマ工房」の仕事机　16頁
自宅敷地内の「ドマ工房」。仕事机の上に木工用のさまざまな道具が並ぶ。いつもここに座り、作業をしていた。

YOSHIO 2
KAKデザイングループ（一九五八年）　18頁
金子至、河潤之介と一九五三年に結成。六二年度『JIDA年鑑』の工業製品の約半数はKAKのデザイン。

YOSHIO 3
自作のオブジェの前で　21頁
KAK結成以前は童画や玩具などのこども向けデザインに没頭していた。背景には鉄製のさかなのオブジェ。

YOSHIO 4
木工塾にて　22頁
一九九六年に目黒の「ドマ工房」で開催した木工塾の様子。メンバーのみならず友人にも開かれた塾だった。

YOSHIO 5
黒板スケッチ　24頁
「人間の物づくり」について描いた一枚。会議やプレゼンテーションでは、いつもイラスト入りの板書をした。

YOSHIO 6
つくりかけの棚　26頁
納める器や小物のサイズに合わせた棚。亡くなる直前までつくり替えており、引き出しをつける計画もあった。

YOSHIO 7
椅子の使い方を描いたイラスト　42頁
日本人の体に合わせた脚の短い椅子をデザイン。実際にどんな使い方ができるかを描いたもの。

YOSHIO 8
自宅で撮影した晩年の写真　46頁
ふだんはTシャツにジーンズ姿。この日は好きだった画家ミロの絵がプリントされたシャツを着用。

YOSHIO 9
KAKメンバーでカメラを検討　51頁
秋岡がデザインを担当した35ミリカメラ「ミノルタ V2」を写真で検討する。手前から河、秋岡、金子。

YOSHIO 10
黒板の前で　56頁
自ら板書した「袴田鍋之進　太平の尻に敷かれて」の前で座る。一九五六年、KAK結成直後の二十代の頃。

YOSHIO 11
「あぐらのかける男の椅子」のイラスト　63頁
あぐらをかいて新聞を読める。狭い日本の住宅に対応する「一椅多用」の椅子としてデザインした。

YOSHIO 12
グループ　モノ・モノについての板書　67頁
つかう・かんがえる・うる・つくる。モノをめぐる4つの言葉に合わせて右上にモノ・モノのロゴが描かれる。

YOSHIO 13
さまざまな樹木でつくられた椀　74頁
写真の椀は白樺、とち、栗、せん、こなら、檜の6種。島根の匹見町では「101の椀（森の器）」を制作した。

YOSHIO 14
玄能・カンナ・ノコギリ　82頁
愛用の大工道具（個人蔵）。北海道置戸町「どま工房」では秋岡が収集した約6500点の生活用具を収蔵。

YOSHIO 15
自筆の墨絵　92頁
漢字の象形を思わせる線で女性を描いた一枚。書を好み、よく墨字や墨絵を描いた。

YOSHIO 16
昼寝のできる女の椅子　99頁
大小三脚の椅子を並べて寝そべることもできるデザイン。現在は「親子の椅子」の商品名で販売されている。

YOSHIO 17
ガラス絵　101頁
若い頃に描いた、動物をモチーフにしたガラス絵。署名の「Jumbo」はスワヒリ語に由来するともいわれる。

YOSHIO 18
紙工作　102頁
一九六九年頃から約160種類もの動物、乗り物の紙工作を制作。2次元から3次元のカタチを立ち上げた。

YOSHIO 19
トヨさんの椅子　107頁
量産家具のパイオニア豊口克平が一九五五年にデザインした低座椅子。この椅子を生涯を通じて愛用した。

YOSHIO 20
脱グループプロジェクトの図解　122頁
持ち寄った問題を討論し、合意と提案をまとめ、チームを開散する。ここからモノ・モノのロゴが生まれた。

YOSHIO 21
オケトグリーンビレッジ構想スケッチ　135頁
北海道置戸町に生涯教育・生産教育のための工芸村を構想。一九九四年、同地に「どま工房」がオープンした。

YOSHIO 22
土間カントリーフォーラムへ向けて　143頁
テーマは「ふだんを討論」すること。工業デザイナーの枠を超え、考え・語り・学ぶ場をプロデュースした。

YOSHIO 23
目黒「ドマ工房」に収蔵されている竹とんぼ　144頁
制作総数は3000本以上。ニッカウヰスキーの瓶に種類別に収納するか、コルクのフタにさして飾った。

YOSHIO 24
竹とんぼの制作中　152頁
一九八〇年頃から亡くなるまで毎日つくりつづけた。つねに「手で考える」のが秋岡流のものづくりだった。

この人

秋《あき》岡《おか》芳《よし》夫《お》

工業デザイナー（一九二〇～一九九七）

熊本県に生まれる。東京高等工芸学校（現・千葉大学工学部）卒業。一九五三年、金子至、河潤之介とKAKデザイングループを設立し、約三〇〇〇点の工業製品を手がける。七〇年、東京・中野で有志のサロンを母体にグループモノ・モノを創始。〃立ちどまった工業デザイナー〃を名乗り、「消費者から愛用者へ」「裏作工芸」などのアイデアを生活者に提案するとともに、全国各地の手仕事の復興や地域再生に力を尽くした。著作に『暮しのためのデザイン』『食器の買い方選び方』（新潮社）など。

あの人

光野有次・初山滋・日野明子

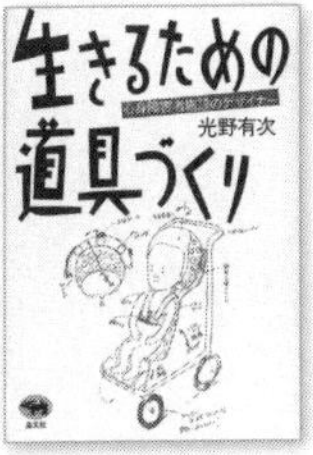

影響を与えた人

憧れた童画家

ゼミの教え子

『生きるための道具づくり―心身障害者施設のデザイナー―**』**
光野有次著（晶文社）
秋岡が提唱した「誂《あつら》え」の考えを福祉介護の道具づくりに応用。日本のユニバーサルデザインの先駆者が綴る障害者一人ひとりのための機器開発の記録。

『初山滋―永遠のモダニスト**』**
竹迫祐子著（河出書房新社）
幼少期の秋岡の愛読誌は『コドモノクニ』。なかでも初山滋の絵に心酔し、青年時代には童画家を目指して師事した。天才童画家の画業をたどる一冊。

『台所道具を一生ものにする手入れ術』
日野明子著（誠文堂新光社）
著者は共立女子大学で秋岡に学んだクラフトバイヤー。台所道具を長く使い込むための手入れのコツを25人のつくり手に尋ねて紹介する。

●本書に収録した作品は以下を底本としました。

「手で見る、体で買う」——『食器の買い方選び方』（一九八七年　新潮社）

「一机多用のテーブル」——『暮しのためのデザイン』（一九七九年　新潮社）

「女には女の椅子」——『いいもの　ほしいもの』（一九八四年　新潮社）

「暮らしのデザイナーはあなたです」——『創—つくる　日本人のくらし』（一九七七年　玉川選書）

「グループ　モノ・モノの企て」——『暮しのリ・デザイン』（一九八〇年　玉川大学出版部）

「消費から愛用へ」——『デザインとは何か』（一九七四年　講談社現代新書）

「竹とんぼからの発想」——『竹とんぼからの発想』（一九八六年　講談社ブルーバックス）

●原文に図版指定がある箇所は適宜改変しました。

●「くらしの形見」収録品

◎所蔵＝〔1、6、8〕秋岡家／〔2、3〕モノ・モノ／〔4〕目黒区美術館／〔5〕三菱鉛筆株式会社／〔7〕個人蔵　◎撮影＝〔1〜3、5〜8〕永禮賢／〔4〕桜井ただひさ

●図版クレジット

〔2、3、9、18、21〕©秋岡家＋目黒区美術館／〔7、10、11、22〕©秋岡家＋モノ・モノ／〔16、19〕©モノ・モノ／〔6、8、13、15、17、23〕©秋岡家／〔14〕個人蔵

◎出典＝〔5、12、20〕『秋岡芳夫とグループモノ・モノの10年』（新荘拳子著　一九八〇年　玉川大学出版部）

◎撮影＝〔4、24、プロフィール写真〕堂六雅子・池添和美（プリント）／〔1、6、13〜17、19、23〕永禮賢

MUJI BOOKS　人と物　7

秋岡芳夫《あきおかよしお》

2018年12月1日　初版第1刷発行

著者	秋岡芳夫
発行	株式会社良品計画 〒170-8424 東京都豊島区東池袋4-26-3 電話 0120-14-6404（お客様室）
企画・構成	株式会社良品計画、株式会社EDITHON
編集・デザイン	櫛田理、広本旅人、いのうえりえ、佐伯亮介
協力	秋岡陽、有限会社モノ・モノ、目黒区美術館
印刷製本	シナノ印刷株式会社

ISBN978-4-909098-12-2　C0195

MUJI BOOKS

ずっといい言葉と。

少しの言葉で、モノ本来のすがたを
伝えてきた無印良品は、生まれたときから
「素」となる言葉を大事にしてきました。

人類最古のメディアである書物は、
くらしの発見やヒントを記録した
「素の言葉」の宝庫です。

古今東西から長く読み継がれてきた本をあつめて、
MUJI BOOKSでは「ずっといい言葉」とともに
本のあるくらしを提案します。